아! 그렇구나

우리 역사

8

고려2

＊ ＊ ＊
이 책에 관해 궁금한 점이 있으면 윤경진 선생님께 이메일로 물어 보세요.
이메일 주소 : ykjwyj@nownuri.net
＊ ＊ ＊

아! 그렇구나
우리 역사

8 고려 2

2005년 3월 15일 1판 1쇄 펴냄
2021년 3월 15일 1판 6쇄 펴냄

글쓴이 · 윤경진
그린이 · 장선환
펴낸이 · 조영준

기획 · 조영준 | 책임 편집 · 최영옥 | 본문 및 표지 디자인 · 홍수진

펴낸곳 · 여유당출판사 | 출판등록 · 2004-000312
주소 · 서울시 마포구 동교로 27길 53, 201호
전화 · 02-326-2345 | 팩스 · 02-6280-4563
전자우편 · yybooks@hanmail.net
블로그 · http://blog.naver.com/yeoyoubooks

ISBN 89-955552-8-9 44910
ISBN 89-955552-0-3 (전15권)

ⓒ 윤경진 · 여유당, 2006
협약에 따라 인지를 붙이지 않습니다.

책값은 뒤표지에 있습니다. 잘못된 책은 바꾸어 드립니다.

품명 도서 | 제조자명 여유당출판사 | 제조국명 대한민국 | 사용연령 12세 이상 | 제조년월 2021년 3월
KC 마크는 이 제품이 공통안전기준에 적합하였음을 의미합니다.
책 모서리가 날카로우니 다치지 않게 주의하세요.

아! 그렇구나

우리 역사

8

고려2

글 · 윤경진 | 그림 · 장선환

여유당

아! 그렇구나 우리 역사를 여유당에서 펴내며

많은 사람들의 관심과 함께 시작한 《아! 그렇구나 우리 역사》는 이 일 저 일 어려운 과정을 거친 끝에 여유당 출판사에서 첫 권부터 다시 출간하게 되었습니다. 이 시리즈를 손수 준비하고 책을 펴낸 기획 편집자 입장에서 완간 자체가 만만치 않다는 사실을 몰랐던 바 아니지만, 대대로 이어 온 우리 역사가 수없이 많은 가시밭길을 걸어온 것처럼 한 권 한 권 책을 낼 때마다 극심한 긴장과 고비를 피할 수는 없었습니다. 이 시리즈의 출간 준비에서부터 5권 신라·가야 편이 세상에 나오기까지 4년이 걸렸고, 이후 1년 반이 지나서야 6권, 7권, 8권이 뒤를 잇게 되었습니다. 독자들과의 약속대로라면 이미 완간해 가는 시점인데, 이제야 절반에 다다랐으니 아직도 그만큼의 어려움이 남은 셈입니다. 먼저 독자들에게 미안한 일이고, 가능한 한 빨리 완간을 하는 게 그나마 미안함을 덜 수 있는 최선이라고 생각합니다.

여유당 출판사에서는 이 시리즈를 처음 계획했던 총 17권을 15권으로 다시 조정했습니다. 11권 조선 시대 이후 근현대사가 다소 많은 비중을 차지한다는 집필진들의 생각에 따라, 12권 개항기와 13권 대한제국기를 한 권으로 줄였고, 마찬가지로 14, 15권 일제 강점기를 한 권으로 모았습니다. 물론 집필진은 이전과 같습니다.

1권 원시 시대를 출간할 때만 해도 어린이·청소년층에 맞는 역사 관련 책들을 찾기가 쉽지 않더니 지금은 몇몇 출판사에서 이미 출간했거나 장르별 혹은 연령별로 준비하는 실정입니다. 이런 상황에서 《아! 그렇구나 우리 역사》 시리즈가 독자들뿐만 아니라 다양한 계층의 관계자들에게 소중한 자료로 자리매김했다는 사실에 필자들이나 기획자로서 작은 보람을 느낍니다. 어린이·청소년 출판이 가야 할 길이 아직 멀고 멀지만 번역서나 창작 동화를 앞다투어 쏟아 내던 이전의 풍경에 비하면 아주 반가운 현상이라 할 수 있겠습니다.

더불어 2004년은 중국의 동북 공정 문제로 우리 역사를 진지하게 바라볼 수 있는 한 해가 되었습니다. 우리 역사를 어설프게 이해하고 우리 역사에 당당한 자신감을 갖지 못할 때 고구려 역사도 발해 역사도, 그리고 동해 끝 섬 독도까지도 중국과 일본의 틈바구니에서 부대낄 것은 뻔한 사실입니다. 특히 21세기를 이끌어 갈 10대 청소년들의 올바른 역사 인식은 민족의 운명을 가늠하는 발판임이 분명합니다.

학창 시절 그저 사건과 연대, 그리고 해당 시대의 영웅을 잘 외우면 그뿐이었던 어른들의 잘못된 역사 인식을 꿈 많은 10대들에게 그대로 물려줄 수는 없습니다. 우리 역사는 한낱 조상들이 남긴 흔적이 아니라 개인에게는 자신의 가치관을 여물게 하는 귀중한 텃밭이요, 우리에게는 세계 무대에서 한국인이라는 자신감을 갖고 당당히 어깨를 겨루게 할 핏줄 같은 유산임을 잊지 말아야 합니다.

그런데 아직도 우리에게는 10대 청소년이 읽을 만한 역사책이 빈약합니다. 이제 전문가가 직접 쓴 책도 더러 눈에 띄지만 초·중학생 연령층이 쉽게 접할 수 있는 책은 여전히 많지 않습니다. 그나마 고등학생 나잇대의 청소년이 읽을 만한 역사물도 사실은 성인을 주 대상으로 만들어졌을 뿐입니다. 그만큼 내용과 문장의 난이도가 높거나 압축·생략이 많아 청소년들이 당시 역사의 과정을 제대로 이해하면서 읽어 나가기 어려운 게 현실입니다.

따라서 10대의 눈높이에 맞춰 역사를 서술하고, 역사의 의미를 제대로 이해할 수 있게 관점을 제시하며, 역사 이해의 근거로서 봐야 할 풍부한 유적·유물 자료, 상상력을 도와주는 바람직한 삽화, 게다가 청소년이 읽기에 적절한 활자 크기와 종이 질감 등을 고민한 책이 반드시 필요했습니다. 자신의 세계관과 올바른 역사관을 다질 수 있는 이 시리즈는 '전문 역사학자가 처음으로 쓴 10대 전반의 어린이·청소년을 위한 한국 통사'라는 데 의미가 크다고 하겠습니다. 이 시리즈는 이렇게 만들었습니다.

첫째, 이 책은 전문 역사학자들이 소신 있게 들려 주는 우리 조상들의 삶 이야기입니다. 원시 시대부터 해방 후 1987년 6월 항쟁까지를 15권에 아우르는 《아! 그렇구나 우리 역사》는 한 권 한 권, 해당 시대의 역사를 연구해 온 선생님이 직접 쓰셨습니다. 고구려 역사를 오래 공부한 선생님이 고구려 편을 쓰셨고, 조선의 역사를 연구하는 선생님이 조선 시대 편을 쓰셨습니다.

둘째, 초등학교 고학년과 중학생 연령층의 10대 어린이·청소년을 위해 만들었습니다.

지금까지 초등학교 저학년 어린이를 위한 위인전이나 동화 형식의 역사물은 여럿 있었고, 또 고등학생을 대상으로 펴낸 생활사, 왕조사 책도 눈에 띕니다. 하지만 위인전이나 동화 수준에서는 벗어나고, 고등학생의 독서 수준에는 아직 미치지 못하는 단계에 필요한 징검다리 책은 찾아볼 수 없었습니다. 《아! 그렇구나 우리 역사》는 초등학교 5·6학년과 중학생 연령층의 청소년에게 바로 이러한 징검다리가 될 것입니다.

셋째, 각 시대를 살았던 일반 백성의 생활을 구체적으로 생생하게 묘사했습니다.

그 동안 어린이·청소년을 위한 역사책이 대부분 영웅이나 사건 중심으로 이야기를 풀어 나갔다면, 이 시리즈는 과거 조상들의 생활에 역사의 중심을 두고 시대에 따른 정치·경제·사회·문화의 변화를 당시의 국제 정세와 함께 이해할 수 있도록 꾸몄습니다. 이 책을 읽으면서 독자 여러분은 당시 사람들의 생활 세계를 머릿속에 그려 나갈 수 있을 것입니다.

넷째, 최근 연구 성과에 따른 글쓴이의 목소리에도 힘을 주었습니다.

이미 교과서에 결론이 내려진 문제라 할지라도, 글쓴이의 견해에 따라 당시 상황의 발단과 과정에 확대경을 대고 결론을 달리 생각해 보거나 논쟁할 수 있도록 주제를 끌어냈습니다. 이는 곧 암기식 역사 교육의 틀을 깨고, 독자 한 사람 한 사람이 다양한 각도에서 역사의 비밀을 푸는 주인공이 되도록 유도하려 함입니다. 이는 역사적 사실과 인물을 통해 자신의 현재와 미래를 통합적인 시각으로 내다보게 하는 장치이며, 여기에 바로 이 시리즈를 출간하는 의도가 있습니다.

다섯째, 전문적인 내용일수록 이해하기 쉽게 풀어 쓰려고 노력했습니다.

주제마다 독자의 상상력만으로 해결되지 않는 부분은 권마다 200여 장에 이르는 유적·유물 자료 사진과 학계의 고증을 거친 그림을 통해 충분히 이해할 수 있도록 했습니다. 또한 중간중간 독자 여러분이 좀더 깊이 있게 알았으면 하는 주제는 네모 상자 안에 자세히 정리해 정보의 극대화를 꾀했습니다.

이 책을 위해 젊은 역사학자 9명이 힘을 합쳐 독자와 함께 호흡하는 한국사, 재미있는 한국사를 쓰려고 노력했습니다. 그러나 역사란 너무나 많은 것을 품고 있기에, 집필진 모두는 한국 역사를 쉽게 풀어서 새롭게 쓴다는 것 자체가 매우 어려운 일임을 절감했습니다. 더구나 청소년의 정서에 맞추어 우리 역사 전체를 꿰뚫는 책을 쓴다는 것은 박사 학위 논문을 완성하는 것 못지않게 힘든 과정이었습니다. 거기에 한 문장 한 단어마다 꼼꼼한 교열 교정을 거듭했습니다.

이 시리즈는 단순히 10대 어린이·청소년만을 위한 책이 아닙니다. 우리 역사를 소홀히 여겼던 어른이 있다면, 이 책을 함께 읽으면서 새로운 양식을 얻을 수 있으리라 생각합니다. 나아가 이 시리즈는 온 가족이 함께 읽는 데 큰 어려움이 없게 공을 들였습니다.

아직 미흡한 점이 많으나, 이 시리즈를 통해 여러분이 우리 역사를 올바로 이해하고 자신만의 세상을 더불어 열어 나가는 데 도움이 되기를 바랍니다.

2005년 2월

집필진과 편집진

| 차 례 |

일러두기

1. 연대를 표기할 때는 지금 우리 나라에서 공용으로 쓰는 서력 기원(서기)에 따랐다. 따라서 본문에 '서기전 1500년'이라 쓴 연대는 서력 기원 전 1500년을 의미한다. 흔히 쓰이는 '기원전'이라는 말을 피하고 '서기전'이라 한 것은, 기원전이란 말 자체가 '서력 기원 전'의 준말이기도 하거니와, 단군 기원인지 로마 건국 기원인지 예수 탄생 기원인지 분명하게 드러나지 않는 '기원전'보다 '서기전'이라는 말이 그 본래 의미를 더 잘 전달한다고 보기 때문이다.

2. 외국의 인명과 지명은 기본적으로 외래어 표기법을 따랐다. 다만 중국 지명인 경우, 먼저 중국어 발음에 근거하여 외래어 표기법에 따라 쓴 다음 괄호 ( ) 안에 우리 말 한자 발음과 한자를 같이 적었다. 중국어 발음을 확인하기 어려운 마을 이름은 우리 말 한자 발음으로 적었다.
   그리고 외래어 표기법에서는 중국의 강 이름을 적을 때 중국어 발음 뒤에 '강' 자를 덧붙이도록 했으나(예:황하 → 황허 강, 혼강 → 훈장 강), '강'을 뜻하는 말('허'와 '강', '장'과 '강')이 겹치는 만큼 본래의 강 이름을 아는 데 혼란스러워질 수 있다. 그래서 '황하'는 '황허', '혼강'은 '훈 강'으로 쓴다.

3. 역사학 용어는 기본적으로 국사편찬위원회의 분류에 따르고, 고고학 용어는 국립문화재연구소에서 펴낸 《한국고고학사전》(2002)의 표기에 따랐으나, 어려운 한자어 대신 알기 쉬운 우리말로 바꿀 수 있는 경우에는 바꿔서 썼다. 국립 박물관에서 펴낸 도록(이를테면 국립 부여 박물관의 《국립부여박물관》)에서도 되도록 쉬운 말로 바꿔 쓰는 추세이고(예:정림사지→ 정림사 터), '횡혈식 석실분' 같은 말을 '굴식 돌방 무덤'으로 바꿔 실은 《한국고고학사전》의 기본 정신도 그러하다고 보기 때문이다.

4. 글쓴이의 견해가 교과서와 다르거나 역사 해석에 논쟁의 여지가 있는 경우, 역사학계의 최신 연구 성과에 근거하여 글쓴이의 관점과 해석에 따라 서술하고, 그와 다른 견해도 있음을 밝혔다.

권력 싸움에 지치고 전쟁에 멍들고

무신 정권과 고려-몽골 전쟁

무신 정권 100년

무신들, 정변을 일으켜 권력을 잡다

1170년(의종 24) 8월, 고려 역사에 획을 긋는 사건이 발생합니다. 무신들이 정변을 일으켜 문신들이 이끌던 정권을 뒤엎고 권력을 잡은 것입니다. 이 사건은 단지 권력의 중심을 바꾸어 놓기만 한 것이 아니었습니다. 정치, 경제, 사회, 문화 모든 부분에 걸쳐 많은 변화를 가져오는 출발점이 되었지요. 이 때문에 무신 정변은 고려 시대를 전기와 후기로 나누는 기점이 됩니다.

  당시 국왕 의종은 문신들과 함께 개경 주변의 경치 좋은 곳을 다니면서 곧잘 잔치를 베풀었습니다. 국왕과 문신들이 시를 지으며 유흥을 즐기는 사이, 무신과 군인들은 이들을 경호해야 했지요. 그러나 많은 노고에도 불구하고 제대로 대접받지 못하는 그들의 마음속에는 점점 불만이 쌓였습니다.

　정변이 일어난 날, 그 날도 의종은 문신들과 보현원이라는 곳에 놀러 가던 길이었지요. 가는 길에 국왕은 무신들에게 오병수박희*라는 무술 시합을 시켰습니다. 무신들의 불만을 눈치채고 상을 내릴 셈이었지요. 하지만 뜻하지 않은 일이 터지면서 상황은 예기치 못한 방향으로 흘러갑니다.

　시합에 참여한 대장군 이소응이 한 젊은 무신의 힘에 밀려 달아나다가 한뢰라는 젊은 문신에게 모욕을 당하며 뺨을 맞은 것입니다. 나이도 들고 경험도 많은 장수가 젊은이에게 뺨을 맞다니, 이 광경을 본 많은 무신들은 격분했지요. 정중부가 한뢰를 크게 꾸짖자 의종이 나서서 무마했습니다. 그러나 상황은 아슬아슬, 일촉즉발의 분위기로 내달았습니다.

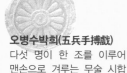

오병수박희(五兵手搏戲)
다섯 명이 한 조를 이루어 맨손으로 겨루는 무술 시합의 일종이다.

이전부터 불만을 드러내던 정중부와 이의방, 이고 등은 이 일을 계기로 거사를 결심합니다. 일행이 보현원에 도착하자 정중부 등은 마침내 무신들과 군사를 모아 여러 문신들을 죽이고 정변을 일으킵니다. 이 사건은 개경으로 번져 무신들은 "문신 복장을 한 사람은 가

정변을 모의하는 정중부와 이의방, 이고

리지 말고 모두 죽여라"라는 구호를 외치며 다녔습니다. 여기에 하급 군사들까지 호응하면서 사태는 걷잡을 수 없이 확산되었고, 수십 명의 문신이 죽임을 당했지요.

권력을 잡은 정중부 등은 의종을 폐위하여 거제도로 쫓아냈다가 얼마 뒤 시해했습니다. 그리고 의종의 동생을 새 국왕으로 세웠는데, 그가 19대 명종이지요. 이 때부터 권력은 국왕이 아니라 무신 가운데 실력자가 차지하게 됩니다. 지식보다 힘이 지배하는 세상이 열린 것이지요. 이 기간이 꼭 100년 동안 이어지는데, 보통 '무신 정권기'라고 부릅니다.

힘센 자가 권력을 잡는다 – 초기 무신 정권

1171년, 정변의 주역 이의방이 이고를 몰아내고 권력을 잡습니다. 비교적 온건한 정중부는 과격한 이의방과 타협하며 권력을 나누어 가졌지요. 하지만 이의방이 자신의 딸을 억지로 태자비에 앉히면서 주변의 반발을 샀고, 정중부 역시 이의방의 독주에 점차 불만을 품습니다.

1174년(명종 4)에는 서경 유수 조위총이 무신 정권에 반대하는 난을 일으킵니다. 그는 서경을 근거지로 삼고 서북방 여러 성의 군사를 모아 끈질기게 저항했으나 2년 만에 진압되었지요. 나라가 어수선한 분위기를 틈타 정중부는 아들 정균을 시켜 이의방을 살해하니, 권력은 정중부 부자의 손에 넘어옵니다. 권력을 차지하려는 암투의 시작을 알리는 신호탄이었을까요? 정중부 자신도 5년 뒤 청년 장군 경대승에게 살해되고 맙니다.

경대승은 좋은 가문 출신으로, 15세에 음서(고려 1권 158쪽 참고)를 통해 관직에 나아갔습니다. 정변에 참여하지 않았던 그는 무신들의 횡포를 못마땅해했습니다. 무신들 또한 하루 아침에 권력을 잡은 젊은 장수에게 좋은 눈길을 보낼 리 없었지요. 경대승은 점차 신변의 위협을 느낍니다. 자신이 그랬듯이 또다시 누군가가 자신을 암살할지도 모른다는 불안감에 결사대 수십 명을 모아 자신을 보호하게 합니다. 이를 도방(都房)이라 하지요. 도방원들은 한 곳에서 며칠씩 숙직했고, 때로는 경대승 자신도 함께 자면서 돈독한 관계를 유지합니다. 하지만 불안감이 병으로 이어졌을까요? 1183년, 그는 젊은 나이에 죽고 맙니다.

경대승이 죽은 뒤 이의민이 권력을 잡습니다. 그는 어머니가 절에 속한 노비로 천한 신분이었어요. 경주의 불량배로 말썽만 피우고 다녔는데, 힘이 남다름을 안 경주의 한 관리가 그를 군인으로 발탁해 개경으로 올려보냈지요. 그는 수박희를 잘해 의종의 총애를 받으며 두각을 나타냈지만, 무신 정변 뒤 의종을 유배지에서 시해한 장본인이기도 합니다. 이 때문에 경대승의 미움을 받아 고향 경주로 피신해 있었지요.

그런데 경대승이 죽자 명종이 그를 불러들입니다. 왜일까요? 연이은 정변으로 신변이 불안해지자 서둘러 분위기를 장악할 인물을 찾은 것이지요. 돌아온 이의민은 명종의 지원 속에 곧 권력을 잡았지만, 그 역시 이의방이나 정중부의 전철을 밟게 됩니다. 아들들과 거리낌없이 횡포를 부린 것입니다. 오죽하면 난폭한 두 아들에게 '쌍도자(雙刀子)', 그러니까 '한 쌍의 칼 같은 녀석들'이라는 별명이 붙었을까요.

그러던 어느 날, 한 아들이 최충헌의 동생 최충수가 기르던 비둘기를 빼앗는 사건이 일어납니다. 격분한 최충헌 형제는 1196년(명종 26), 별장에 있던 이의민을 기습하여 살해하고 권력을 잡습니다. 곧이어 최충헌은 동생마저 몰아냅니다. 피를 나눈 형제도 권력 싸움에서는 예외일 수 없었던 것이지요.

이 때부터 최충헌의 증손에 이르기까지 60년 동안 최씨 일가는 권력을 독점하는데, 이 시기를 특히 '최씨 정권기'라고 부릅니다. 그 시절은 무신 정권의 전성기이자, 백성들이 몽골과 전쟁을 치르는 모진 세월이기도 했습니다.

최씨 정권, 4대 60년의 영화와 몰락

최충헌은 경대승처럼 음서로 관직에 진출했습니다. 아버지가 상장군 출신으로 가문이 좋았으니까요. 권력을 잡은 그는 앞서 집권했던 무신들이 저지른 잘못을 되풀이하지 않기 위해 뭔가 다른 모습을 보이고자 합니다.

최충헌은 명종에게 10개 항목의 개혁안을 건의합니다. 한 마디로 불법적인 행위를 단속하고 분위기를 쇄신하자는 내용인데, 구구절절 옳은 말이었습니다. 하지만 최충헌 스스로 그 개혁안을 지키지 않았습니다. 아니, 처음부터 지킬 생각이 없었다고 해야겠지요. 단지 권력을 휘두를 줄만 알았던 이전의 집권자들과 다르다는 것을 보여 주고

자 했을 뿐, 정말로 국가와 백성을 위한 의도는 아니었거든요.

최충헌은 정변 이후 억압받던 문신들에게 높은 관직을 내려서 측근에 두는 등 우호적인 태도를 보입니다. 모처럼 괜찮은 권력자를 만난 문신들은 그에게 적극 협조했지요. 이것은 최씨 정권이 번영을 누린 중요한 요인 가운데 하나입니다. 또한 최충헌은 지방 각지에서 봇물처럼 터지던 농민과 천민의 저항을 모두 제압합니다(30쪽 '농민과 천민의 저항' 참고).

최충헌은 자신의 권력을 위협하는 움직임에 대해서만큼은 어느 누구든 가리지 않고 무자비하게 탄압했습니다. 이미 동생 최충수를 제거한 일이 있었지요? 한번은 토목 공사에 강제 동원된 승려들이 들고일어나 최충헌의 집까지 공격하는 일이 벌어졌습니다. 최충헌은 가병*들을 풀어 제압하고 죄가 무거운 800명을 곧장 사형에 처했지요. 암살 시도도 여러 번 있었지만, 그 때마다 그는 흔들림 없는 독재자의 면모를 과시합니다.

국왕도 예외가 아니었습니다. 자신에게 거슬리면 자리에서 몰아내고 새 국왕을 앉혔습니다. 명종을 쫓아내고 신종을 세우고, 희종을 몰아내고 강종을 왕위에 올린 것입니다.

날아가는 새도 떨어뜨린다던 최충헌은 집권 23년 만인 1219년에 세상을 떠나고, 아들 최우가 권력을 이어받습니다. 최우는 나중에 이름을 '최이'로 바꾸고, 아버지가 그랬던 것처럼 자신의 동생을 몰아낸 뒤 권력을 독차지하지요. 그리고 아버지가 모은 금은 보화를 국왕에게 바치고, 권력을 이용해 빼앗은 토지와 노비들도 주인에게 돌려주었습니다. 아버지와 다르다는 걸 보여 주고 싶었기 때문입니

가병(家兵)
집에서 키우는 군사라는 의미로, 개인이 육성하고 동원하는 사병을 말한다.

석릉
고려 21대 희종의 능. 희종은 20대 신종의 아들로 최충헌에 의해 폐위되었다. 인천 광역시 강화군 양도면 소재. 사적 369호.

다. 정말로 최우는 아버지 최충헌이나 이전 권력자들과 달랐을까요? 안타깝게도 아니랍니다. 그저 인심을 얻고 권력을 다지려는 의도였을 따름이지요. 최충헌이 집권 뒤에 개혁안을 건의한 것처럼 말입니다.

최우도 별수 없는 독재자였습니다. 그는 집 근처 민가를 수백 채나 밀어내고 그 곳에 격구장을 만들었습니다. 이 격구장은 아주 넓고 잘 정리된 고급 시설이었지요. 요즘으로 치면 상암 월드컵 경기장쯤 될까요? 이 곳에서 격구 시합이 열릴 때마다 마을 사람들은 뒤치다꺼리를 도맡아야 했습니다. 어지간한 폭군이 아니면 하지 못할 일을 한 것이지요.

그는 문신들을 회유하는 데에도 적극적이었습니다. 서방(書房)이라는 관청을 두고 문신들을 숙직시키면서 자신의 권력을 찬양하도록 했습니다. 많은 문장가들이 그의 비호 아래 영화를 누렸는데, 대표적인 인물이 이규보입니다. 무신 집권기의 정치, 문화를 대표하는 인물 이규보에 대해서는 뒤에서 다시 이야기하겠습니다(204쪽 '이규보' 참고).

최우가 집권하는 동안 고려는 몽골과 전쟁을 치릅니다. 몽골과 1차 전쟁을 겪고 난 뒤, 그는 주변의 반대를 무릅쓰고 강화도로 천도하여 전쟁을 강행합니다(42쪽 '고려와 몽골의 전쟁' 참고). 그리고 집권한

아! 그렇구나 격구는 어떤 운동일까?

요즘 사람들이 가장 많이 즐기는 운동 경기로는 야구나 축구, 농구 등을 들 수 있다. 그럼 옛날에는 어떤 경기를 즐겼을까? 아마 격구일 것이다. 들어 본 사람도 있겠지만, 실제 어떤 경기인지는 잘 모르는 사람이 많을 것이다.

격구(擊毬)는 편을 나누어 말을 타고 골프 채 비슷한 긴 막대기로 공을 쳐내서 승패를 가리는 경기이다. 한 지점에 공을 놓은 뒤 신호가 울리면 선수들은 일제히 말을 타고 나가 이 공을 문 밖으로 쳐내는데, 많이 쳐낸 쪽이 이긴다.

나중에는 말을 타지 않고 벌이는 격구도 생겨났다. 이 놀이는 마당에 구멍을 뚫고 여기에 공을 집어넣는 방식으로 진행된다. 말 타고 하는 방식보다 쉽고 안전해서 훨씬 많은 사람들이 즐기는 놀이가 되었다.

격구는 본디 페르시아 쪽에서 시작된 운동으로, 지금도 서양에서 행해지는 폴로 경기와 같다고 보면 된다. 우리 나라에는 삼국 시대에 들어와 고려 시대에 특히 유행했으며, 조선에서는 무과의 시험 과목이 되었다.

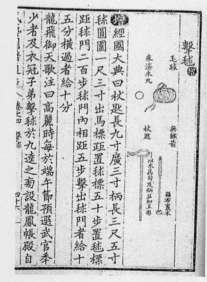

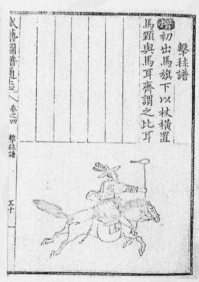

《무예도보통지》에 실린 격구 장면
격구는 조선에 들어 무신들이 무예를 익히는 놀이로 정착했다. 타구 또는 포구라고도 한다.

지 30년 만인 1249년 강화도에서 세상을 떠나지요.

최우에 이어 그의 아들 최항이 집권합니다. 기생 출신 어머니를 둔 그는 처음에는 승려였습니다. 사실 무늬만 승려지 말썽을 일삼는 불량배나 다름없었지요. 그에게는 권력을 탄탄하게 유지할 만한 능력이 없었습니다. 선조가 닦아 놓은 기반에서 무사히 권세를 누릴 따름이었지요. 그러나 집권 8년 만인 1257년에 병으로 세상을 떠납니다.

이어 최항의 아들 최의가 집권합니다. 최의 또한 선조의 후광으로 집권했지만, 어머니가 노비 출신이라는 이유로 주변의 지지를 별로 얻지 못했지요. 국왕 고종과 문신의 지원을 받은 김준이 정변을 일으켜 최의를 살해하니, 대를 이은 최씨 정권도 막을 내립니다.

무신 정권, 역사의 뒤안길로 사라지다

김준의 본디 이름은 김인준입니다. 아버지가 최충헌 가문의 노비였지요. 훤칠한 외모에 겸손한 태도까지 지녀 많은 사람들의 마음을 얻더니, 마침내 최우의 눈에 띄어 출세길에 오릅니다. 그러나 최의가 집권한 뒤 그와 사이가 나빠집니다. 이 사실을 안 고종과 문신 유경이 김준을 설득하여 1258년 정변을 일으켰지요. 이 일로 최의는 죽임을 당하고 최씨 정권도 막을 내립니다.

그런데 김준은 기대와 달리 권력을 국왕에게 돌려주지 않고 자신이 차지했습니다. 그러나 최씨 정권처럼 국왕을 뛰어넘는 권력을 누릴 형편이 못 되었지요.

최우와 신품사현

서예에 관한 이야기를 하다 보면, 종종 '신품사현'을 말하는 경우가 있다. 신품사현 (神品四賢)이란 역대 명필 네 사람을 일컫는 것으로 신라의 김생, 고려의 유신·탄 연·최우를 말한다. 이는 이규보가 동국(東國), 그러니까 우리 나라의 글씨에 대한 평론에서 이 네 사람을 최고 명필로 꼽은 데서 유래했다.

그런데 여기서 한 가지 미심쩍은 부분이 있다. 앞서 말했듯이 이규보는 최우의 총 애를 받은 문장가였다는 사실이다. 그가 명필을 꼽으면서 집권자 최우를 넣었는데, 이것을 어떻게 보아야 할까? 실제로 이 평론은 최우가 짓게 했고, 본문에서도 그의 글씨를 놓고 신묘함과 성품의 겸손함을 칭송하고 있다. 물론 최우가 글씨를 상당히 잘 썼을 거라고 생각되지만, 다분히 최우를 찬양하기 위한 의도라고 의심하지 않을 수 없다.

태자사 낭공대사비 탁본 신라 명필 김생의 글씨를 모아서 새긴 것이다.

문수원기 비문 탁본 춘천 청평사에 있던 문수원기 비문의 탁본으로 탄연의 글씨이다.

강화(講和)
서로 전쟁 상태에 있던 나라가 전투를 중지하고, 조약을 맺어 평화로운 상태로 돌아가는 일.

한편 이 당시는 몽골과의 전쟁이 길어지면서 두 나라 사이에 강화*협상이 진행되고 있었습니다. 이전부터 국왕과 문신들은 강화*를 요구했지만, 최씨 정권은 이를 한사코 거부했지요. 김준도 다르지 않았으나 그렇다고 무작정 버틸 수도 없는 처지라 할 수 없이 협상에 동의합니다. 그 사이에 고종이 세상을 떠나고 태자가 왕위에 오르니, 그가 바로 24대 원종입니다.

1268년 또 한 번의 정변이 일어나, 임연이 김준을 제거하고 권력을 잡습니다. 권력 욕심은 그 역시 다를 게 없었지요. 하루라도 빨리 전쟁을 끝내고 개경으로 돌아가려는 원종과 갈등 끝에 왕을 폐위하기에 이릅니다. 그러나 태자(나중의 충렬왕)가 몽골 군사와 함께 돌아오는 바람에 복위시키지 않을 수 없었지요. 분을 이기지 못한 임연은 화병으로 곧 세상을 떠나고 맙니다.

임연이 죽자 아들 임유무가 권력을 이어받지만, 이미 종이 호랑이에 불과했습니다. 몇 달 되지 않아 그마저 국왕 세력에게 밀려나고 왕정이 복구되었지요. 이 때가 1270년으로, 무신 정권은 꼭 100년 만에 권력의 먹이 사슬을 끝내고 역사의 뒤안길로 사라졌습니다.

권력을 되찾은 원종은 개경으로 돌아오지만, 이 때부터 더욱 파란 많은 역사가 전개됩니다. 몽골이 세운 원나라의 간섭을 받기 시작한 것입니다.

무신 정권은 어떻게 권력을 유지했나

왕조 국가는 국왕을 중심으로 짜여진 정치 제도를 통해 권력을 행사합니다. 그러나 무신 정권은 무력을 바탕으로 법에 구애되지 않는 권력을 휘둘렀습니다. 따라서 그들에게는 높은 관직 외에 권력을 뒷받침할 수 있는 별도의 장치가 필요했습니다.

초기 무신 정권은 중방을 통해 권력을 행사했습니다. 중방은 본디 상장군, 대장군 등 고위 무신들이 모여 회의하는 기구였습니다. 그런데 정변 뒤 무신들이 중방에서 국가 중대사를 처리하면서 권력 기구가 되었지요. 아직 확고한 권력 기반을 다지지 못한 이의방이나 정중부는 중방을 통해 여러 무신들의 협조를 얻어야 했어요.

그러나 최씨 정권이 수립되고 1인 독재가 시작되면서 중방의 기능은 약해집니다. 독재자가 주변 눈치를 볼 필요가 없어졌기 때문이지요. 대신 새로운 권력 기구를 만드는데, 그것이 교정도감(敎定都監)입니다. 교정도감은 1209년 최충헌을 암살하려던 음모가 발각되자 사건에 관련된 사람들을 찾아내려고 설치한 임시 관청이었습니다. 일종의 비상 기구로 법의 구속을 받지 않았지요. 여기에 재정 운용은 물론 반대파 단속을 명분으로 감찰 권한까지 손에 쥡니다. 권력자에게는 더할 나위 없이 매력적인 기구였지요. 이 때문에 사건이 마무리된 뒤에도 문을 닫지 않고 유지됩니다.

교정도감의 책임자를 교정별감이라 합니다. 최충헌 이후 교정별감 자리를 차지한 사람이 최고 권력자가 되었지요. 최우와 최항, 최의는 물론 김준과 임연, 임유무에 이르기까지 모두 이 자리를 차지하여 최고 권력자로 인정받았습니다. 그래서 무신 정권이 막을 내리면서 함께 폐지되는 운명을 맞이하지요.

무력으로 세운 권력은 무력으로 유지되는 법입니다. 특히 1인 독재를 유지하다 보면 반대파도 많아지게 마련이지요. 신변을 보호하고 반대파를 누르기 위해서는 당연히 자기 뜻대로 움직여 주는 사병 조직이 필요했겠지요? 이 조직이 바로 앞서 말했던 '도방'입니다. 경대승이 신변 보호를 위해 처음 둔 도방은 그가 죽은 뒤 폐지되었으나 최충헌이 다시 설치합니다. 권력 유지의 기초였던 터라 권력자는 도방에 각별한 관심을 보였지요. 그만큼 도방의 사병들은 주인의 권력을 등에 업고 잘못을 저질러도 처벌받지 않는 등 특권을 누렸고요.

도방과 함께 무신 정권의 무력 기반으로 '삼별초(三別抄)'를 빼놓을 수 없습니다. 무신 정변 이후 도적이 늘어나 사회 문제가 되자 이를 단속하기 위해 야별초*라는 부대를 만들었습니다. 야별초는 규모가 커지면서 좌별초 부대와 우별초 부대로 나뉘었지요. 한편 몽골과 전쟁을 벌일 때 잡혀갔다가 탈출한 사람들을 모아 신의군이라는 부대를 만들었습니다. 삼별초란 이 세 부대를 합쳐 부른 이름입니다. 도방이 개인 소속의 사병인 데 비해, 삼별초는 국가에서 편성한 공식 군대라는 차이가 있습니다. 하지만 무신 권력자가 모든 권력을 장악했으니 삼별초도 그를 지키는 사병처럼 기능했지요.

정권을 유지하기 위해서는 무력도 중요하지만 관리를 선발하는 권리, 곧 인사권 또한 꼭 필요합니다. 권력도 따라 주는 사람이 있어야 유지할 수 있는 법. 정계 곳곳에 지지자들을 효과적으로 배치하는 인사권은 정권 장악의 발판이지요. 최우는 이런 목적으로 '정방(政房)'*이라는 기구를 처음 만듭니다.

본디 고려에서는 6부 가운데 이부와 병부에서 각기 문반과 무반의 인사를 담당했습니다. 이 곳에서 처리하는 인사는 까다로운 절차가 필요했지요. 그래서 최우는 인사 자료를 모두 자신의 집으로 가져가서 처리했는데, 이를 정방이라 했습니다. 최고 권력자의 집에서 이루어지는 인사에 누가 감히 제동을 걸겠습니까? 곧 정방은 권력자가 입맛에 따라 인사를 마음대로 처리하는 장치였습니다. 굳이 무신 정권이 아니라 하더라도 권력자라면 누구나 매력을 느끼겠지요? 그래서 정방은 무신 정권이 몰락한 뒤에도 그대로 남아 있다가 고려말에 가서야 폐지됩니다.

야별초
별초란 가려 뽑은 정예 군사를 뜻하는데, 야별초는 밤에 순찰하는 부대를 의미한다.

권력 기구 이름에 '방(房)'자가 붙는 이유는?
무신 정권기의 권력 기구를 보면, 중방ㆍ도방ㆍ정방ㆍ서방 같은 식으로 '방'이라는 말이 많이 들어간다.
이 방은 본디 해당 관원들이 모여 회의하는 공간을 가리킨다. 그런데 이 모임이 정례적으로 열리면서 점차 하나의 관청으로 굳어졌다. 무신 정권기에는 이전의 관청들이 제 몫을 못하자 '방'이라는 이름을 지닌 기구들의 활동이 두드러진 것이다.

무신 정변의 원인과 계기

무신 정변은 왜 일어났을까? 대장군 이소응이 젊은 문신 한뢰에게 뺨을 맞아서일까? 《고려사》에서는 또 하나의 사건을 중요한 동기로 지적한다. 내용인즉, 정중부가 김부식의 아들 김돈중에게 수염을 그슬린 데 격분하여 그를 때려 김부식의 노여움을 산 일이 있는데, 이 일로 정중부가 난을 일으킬 생각을 했다는 것이다. 그러나 뺨을 맞은 것이나 개인적 원한만으로 이 엄청난 사건을 설명할 수는 없다. 그보다 더 본질적이고 중요한 요인이 있지 않을까?

여기서 우리는 사건의 원인과 계기를 구분할 필요가 있다. '원인'이란 사건이 일어날 수 있게 한 조건을 말하고, '계기'란 실제로 그 사건이 일어나도록 작용한 요인을 말한다.

이를테면 "울고 싶던 차에 뺨 맞았다"라는 속담이 있다. 울고 싶었지만 이런 저런 사정으로 참고 있었는데, 누가 뺨을 때리자 그것을 핑계로 울게 되었다는 것이다. 울고 싶었던 것과 뺨 맞은 것 가운데 무엇이 진짜 울게 된 원인일까? 그렇다. '울고 싶었던 것'이다. '뺨 맞은 것'은 계기가 된다. "넘어진 김에 쉬어 간다"라든가 "떡본 김에 제사지낸다" 같은 속담도 이런 경우를 표현한다.

무신 정변 역시 원인과 계기를 나누어 보아야 한다. 보현원 사건이나 정중부의 원한은 정변이 일어나게 된 계기에 해당한다. 그렇다면 정변의 실제 원인은 무엇일까? 그것은 계기가 주어졌을 때 정변을 일으킬 수 있게 한 조건, 곧 무신과 군사들이 제도적으로 차별당하던 상황이었다.

그 차별에는 어떤 것들이 있을까? 먼저 과거 제도에서 무신을 선발하는 무과가 없었다는 점을 들 수 있다. 무신들은 군사 중에서 공을 세우거나 자질이 우수한 사람을 선발하여 승진시키는 방식으로 충원되었다. 이 가운데에는 가문을 이루어 대대로 높은 지위를 누리는 경우도 있었지만, 출신이 처지는 경우가 많았다. 자연히 문신에 비해 격이 떨어지는 부류로 여겨졌다.

또한 승진에 차별이 있었다. 9품에서 1품까지 올라가는 관직 제도에서 무신의 최고 관직인 상장군은 3품이었다. 무신은 2품 이상의 관직에는 오르지 못한다는 말이다. 그런데 고려의 모든 권력은 2품 이상에 집중되어 있었다. 따라서 무신은 권력에서 소외될 수밖에 없었다. 고려가 전쟁을 치를 때 문신이 최고 지휘관이었던 것도 이러한 여건에서 나왔다. 거란을 물리친 강감찬이 그랬고, 여진을 정벌한 윤관이 그랬으며, 묘청의 난을 진압한 김부식이 그랬다.

이러한 차별은 안정된 사회에서는 큰 문제를 일으키지 않는다. 그러나 소수 문벌에 권력이 집중되면서 무신들에 대한 차별 의식도 점점 심해졌다. 반면 무신들은 여진 정벌과 묘청의 난 등 나라의 위기 때마다 거듭 공을 세웠음에도 마땅한 대우를 받지 못했다고 느꼈다. 그 불만이 쌓이고 쌓여 결국 의종의 사치와 향락, 그리고 보현원 사건 등을 계기로 폭발한 것이다.

이와 관련하여 주목할 만한 이야기가 있다. 의종 때 유자량이라는 인물은 16세 때 학자 가문의 자제들과 계 모임을 가진 일이 있었다. 이 때 몇몇 무신들이 함께 참여하려다 계원들의 반대에 부딪혔다. 이에 그는 "문반과 무반을 골고루 교유하는 것이 바람직하며, 거절할 경우 후회할 일이 있을 것이다"라고 설득하여 무신들과 함께 하는 모임을 성사시켰다. 그 뒤 정말로 무신 정변이 일어났고, 문신 계원들은 그 무신들의 도움으로 화를 피할 수 있었다고 한다. 이 일화는 무신들에 대한 차별 의식이 심했던 당시 사정을 잘 보여 준다.

지금도 어떤 사건의 원인을 우발적 사건이나 개인적 이유에서 찾으려는 경향이 있으나, 이럴 경우 그 본질을 제대로 이해할 수 없다. 이제부터 원인과 계기를 구분할 줄 아는 안목을 가지도록 노력해 보자.

《고려사》 가운데 무신 정변이 일어났음을 전하는 대목

농민과 천민의 저항

농민들, 정부에 맞서 일어나다

"달도 차면 기운다"는 말이 있습니다. 가장 융성한 시기는 곧 무너지는 시작점이기도 하다는 뜻이지요. 문벌 가문이 전성기를 누리던 문종 시기, 한편에서는 거듭된 자연 재해와 무거운 세금 때문에 농민들 사이에 유망(토지를 잃고 떠돌아다님) 현상이 나타나기 시작합니다. 농업 사회에서 농민의 유망은 곧 사회 불안을 의미하지요.

여진 정벌을 한창 추진하던 예종 초, 서해도(지금의 황해도) 일대에서 대규모 농민 유망이 발생합니다. 정부에서는 급히 관리들을 파견하여 수습했으나 사회 불안은 여전했지요. 문벌의 사치와 향락이 심해지고 권력 싸움이 거듭되면서 고려 사회는 점점 더 수렁으로 빠져들었습니다. 마침내 무신 정변을 계기로 여기저기서 무력 저항이 빗발치게 됩니다.

무신들은 정권을 잡으면서 그 동안 문신들이 독점했던 권력과 사치를 한껏 누리려고 했지만, 문제가 불거지지 않게 조절하는 능력이나 경험은 없었습니다. 정치가 흔들리면 치안도 허술해지는 법. 자신의 부귀에만 골몰하려니 백성의 삶에 관심 있을 리 없지요. 더구나 농민 가운데에는 무신들처럼 힘으로 권리와 이익을 찾아야겠다고 생각하는 무리도 생겨납니다.

농민들은 정부에 격렬히 맞서기 시작했고, 저항은 들불처럼 걷잡을 수 없이 전국으로 번져 나갔습니다. 이는 우리 역사에서 비슷한 사례를 찾아보기 힘들 만큼 폭발적이고 전국적인 움직임이었습니다.

서북면 농민의 저항

1172년(명종 2) 6월, 서북면(지금의 평안도) 일대의 백성들이 수령의 불법에 맞서 봉기*합니다. 무신 정권이 수립된 뒤 맨 처음 일어난 농민 저항이었지요. 그로부터 2년 뒤 서경에서 조위총이 반란을 일으켰습니다. 서경의 최고 책임자였던 조위총은 서북면의 민심이 흔들리는 것을 보고 그 힘을 이용하여 무신 정권을 무너뜨리고자 했습니다. 반란이 일어나자 주변 고을 백성들이 호응하여 세력은 크게 늘어났지요. 정부에서는 서둘러 토벌군을 보냈으나 2년이 지나서야 겨우 서경을 함락하고 반란을 진압할 수 있었습니다.

하지만 저항은 이것으로 끝나지 않았습니다. 서경 함락 당시 성을 빠져나간 무리들이 난의 책임을 모두 뒤집어쓰게 되자 다시 일어난 것입니다. 정치적 목적이 뚜렷했던 조위총의 난과 달리 살아 남기 위한 저항이었지요. 이번에는 정부가 적극 회유하여 1년 만에 진정되었습니다. 1179년, 일부 무리가 관리들의 탄압에 맞서 다시 봉기* 했으나 곧 진압됩니다.

이처럼 서북면에서 가장 먼저 농민들의 저항이 일어난 이유는 무엇일까요? 앞서 서경에서 발생한 묘청의 난, 생각납니까? 그 뒤로 서북면에 대한 차별이 심해져 지역 사람들의 불만도 다른 곳보다 컸지요. 조위총의 난을 계기로 그 불만이 저항으로 폭발한 것입니다.

봉기(蜂起)
자신의 주장을 이루기 위해 많은 사람들이 모여 행동에 나서는 것.

남도 농민의 저항

서북면 농민들의 저항이 여러 해 계속되는 동안, 남도 지방에서도 농민 저항이 봇물처럼 터져 나오기 시작합니다. 이 가운데 규모가 큰 예로 망이·망소이의 난과 김사미·효심의 난을 들 수 있습니다.

1176년, 공주 명학소*에서 망이·망소이 등이 세력을 모아 봉기했습니다. '소'는 고려 시기에 광업이나 수공업 생산을 전담한 지역으로, 주민들 가운데에는 신분이 낮은 사람들도 있었지요.

망이·망소이 세력은 인근의 큰 고을인 공주를 점령하는 등 위세를 떨쳤습니다. 정부에서는 무력 토벌을 준비하는 한편 명학소를 충순현으로 올려 주며 회유하기도 했지요. 망이 등은 자신들을 처벌하지 말고 고향으로 돌려보내 달라는 조건을 걸고 1177년 정월에 항복합니다. 그러나 정부가 약속을 지키지 않고 탄압을 가하자 그 해 2월에 다시 봉기합니다. 망이는 이전과 달리 당당히 맞서겠다는 의지를 보입니다. 당시 정부에 보낸 편지에 다음과 같이 썼습니다.

> 이미 우리 고을을 현으로 올렸으며, 또 수령을 두어 위로하게 해 놓고, 곧 다시 군사를 동원해서 토벌하고 나의 어머니와 아내를 잡아 가두었으니, 그 뜻이 어디에 있는가. 차라리 칼날 아래에 죽을지언정 끝내 항복한 포로는 되지 않겠다. 반드시 왕경(王京:개경)에 이르고야 말겠다.

망이의 두 번째 봉기는 당시 정부의 대책에 거짓이 많았음을 잘 보여 줍니다. 망이는 지금의 아산까지 진격했으나 토벌군에 의해 다

명학소
본디 어떤 물건을 만들던 곳인지는 알 수 없으나, 난을 일으키고 현으로 승격된 것으로 보아 규모가 큰 광업 관련 소였을 것으로 짐작된다.

섯 달 만에 진압되어 그 맹세를 이루지 못했지요.

그 뒤 남도 곳곳에서는 크고 작은 농민 저항이 이어집니다. 1193년(명종 23) 7월, 지금의 청도와 울산에서 김사미와 효심이 각기 무리를 모아 봉기했습니다. 이들은 토벌군을 번번이 물리칠 정도로 세력이 만만치 않았지요. 하지만 11월에 김사미가 정부군에게 잡혀 처형되고, 효심은 12월에 지금의 밀양에서 벌어진 전투에서 패함으로써 저항은 진압되었습니다. 당시 죽은 사람이 7000여 명이나 되었다니, 그 저항이 얼마나 대단했을까요?

이 와중에 삼국을 다시 세우려는 움직임도 있었습니다. 1202년(신종 5) 경주 주민들이 신라 부흥을 외치며 무신 정권에 반기를 들었고, 1217년(고종 4)에는 서경에서 최광수가 반란을 일으키며 고구려 부흥을 외쳤습니다. 1237년(고종 24)에는 지금의 전라도 담양에서 이연년이 '백제도원수'를 자칭하며 백제 부흥을 선언했지요.

이처럼 농민 저항에서 삼국의 부흥을 외친 이유는 무엇일까요? 후삼국 분열 시기에 그랬듯이, 지역 주민의 호응을 이끌어 내어 세력을 키우려는 전략 때문이지요. 하지만 후삼국을 통일한 지 200여 년이 지나 제각기 고구려나 백제 또는 신라를 계승했다는 의식은 이미 흐려진 뒤였습니다. 대신 '삼한이 하나가 되었다'는 의식이 더욱 강한 힘을 얻었지요. 무신 정권기에 발생한 삼국의 부흥 운동이 별다른 호응을 얻지 못한 채 끝난 것은 바로 이 때문입니다(188쪽 '새로운 역사 계승 의식이 싹트다' 참고).

정부에 맞서 봉기한 농민들

이루지 못한 신분 해방의 꿈 – 만적의 난

무신 정권기에 일어난 수많은 봉기 가운데 특별히 눈길을 끄는 것이 하나 있습니다. 1198년(신종 1) 개경에서 일어난 만적의 난입니다. 주동자 만적은 최충헌의 집에서 일하던 노비였지요. 그는 동료 다섯 명과 나무를 하다가 노비들을 불러모아 다음과 같이 연설했습니다.

> 무신이 권력을 잡은 이래로 나라에는 천민 출신으로 출세한 사람들이 많다. 장수와 재상에 무슨 씨가 따로 있겠는가. 누구나 때가 오면 할 수 있다. 어찌 우리만 매를 맞으며 힘들게 일해야 하는가. 우리도 한번 세상을 바꿔 보자.

만적은 모인 사람들이 자신의 주장에 동조하자 황색 종이 수천 장을 오려 '정(丁)' 자를 만들어 표지로 삼고 거사를 약속했습니다. 당시 만적은 구체적인 목표와 계획까지 잡았는데, 내용은 이렇습니다.

▶ 날짜를 정해 무리를 모은 다음, 개경의 흥국사에 모여 거사한다.
▶ 궁궐로 진격하여 궐 안 노비들의 호응을 끌어낸다.
▶ 최충헌을 비롯한 권력자들을 죽인다.
▶ 노비 문서를 모두 불태우고 권력을 잡는다.

하지만 막상 거사하기로 한 날, 모인 사람은 수백 명도 되지 않았습니다. 만적은 하는 수 없이 계획을 연기하고 일을 비밀에 부쳤습니다. 그런데 무리 가운데 밀고자가 있어 계획이 최충헌의 귀에 들

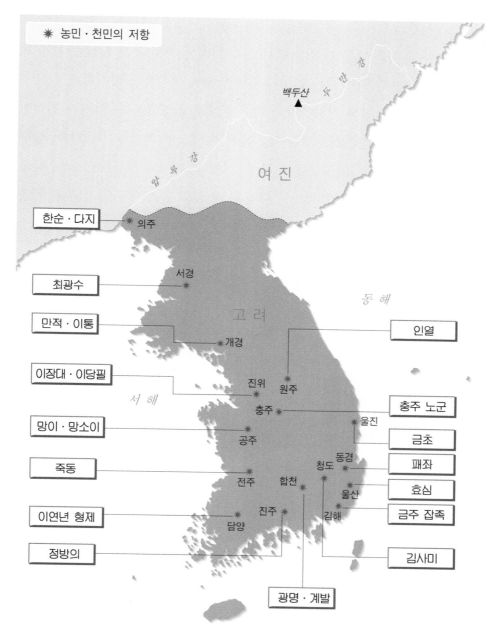

무신 정권기에 일어난 주요 농민·천민 저항 분포도
주요 지명은 옛 지명을 그대로 쓰되 그 밖의 경우는 이해를 돕기 위해 오늘날의 지명으로 고쳤다.

어가고 맙니다. 최충헌은 군대를 풀어 만적을 비롯한 100여 명의 주동 세력을 모두 강물에 던지고, 나머지는 죄를 묻지 않았습니다. 노비들을 다 죽일 수는 없으니 적당한 선에서 수습한 것이지요.

만적의 난은 거사조차 못하고 실패로 끝났습니다. 하지만 천민이 신분 해방을 시도했다는 사실은 아주 중요한 의미를 가집니다. 장수와 재상에 씨가 따로 없다고 한 점이나, 거사가 성공하면 노비 문서를 모두 불태우겠다고 한 다짐은, 이들의 봉기 목적이 신분의 벽을

만적의 연설에 지지를 보내는 노바들

허무는 것이었음을 보여 줍니다.

　무신 정권 수립은 천대받고 착취당하던 천민들에게 자신들도 신분의 벽을 넘어 출세할 수 있다는 가능성을 열어 주었습니다. 이의민처럼 천한 출신이면서도 최고 권력에 오른 사례가 있어 더욱 그러했지요. 만적은 한 걸음 더 나아가 직접 거사하여 무신 정권을 무너뜨리고 신분 해방을 이루려 했다는 점에서 높이 평가됩니다.

농민 저항의 원인과 계기

우리 나라 역사를 읽다 보면, 전국의 농민들이 정부에 무력 저항한 사례를 여럿 발견하게 된다. 신라 말에 그랬고, 고려 무신 정권기와 조선 말에도 그랬다. 농민들은 왜 정부에 맞서 저항한 것일까?

가장 근본적인 원인은 농민들의 생활이 견딜 수 없을 만큼 고단해졌다는 데 있다. 농민은 1년 단위로 생산을 반복한다. 여름 내내 농사를 지어 세금을 내고, 남은 것으로 생활하면서 다음 해 농사를 준비하는 것이다. 그런데 흉년이 들면 먹고 살 양식마저 마련하기 어려워진다. 하지만 세금은 좀처럼 줄지 않아 토지와 재산을 팔아서라도 내야 한다. 더 이상 농사를 지어 먹고 살 수 없게 되자, 토지를 잃고 떠돌아다니는 유망 현상이 발생한다. 게다가 세금은 지역 단위로 정해져 있어 유망한 농민의 몫은 고스란히 남은 사람들이 떠안게 된다. 일파만파로 유망이 번지는 것이다.

농민 유망은 사회 불안을 가져오기 때문에 이것은 정부에게 바람직하지 않은 일이다. 그래서 세금을 줄여 주고 유망민을 고향으로 돌려보내는 등 농민을 안정시키기 위해 노력한다. 그런데 지배층이 권력에만 골몰한 나머지 나라 살림을 돌보지 않으면 이마저 흐지부지되곤 한다. 농민들이 불만을 터뜨리면 힘으로 누르는 일이 자꾸만 일어난다. 사정이 이쯤 되면, 농민 가운데 도적이 되거나 무성의한 정부에 힘으로 맞서 싸우는 이도 나타난다. 이것이 바로 농민 저항이다.

그런데 무신 정권기의 농민 저항은 다른 시기와 비교할 수 없을 정도로 폭발적이면서 전국적이었다. 그 이유는 무엇일까?

먼저 무신 정변으로 정부의 통제력이 급속히 약화되었고, 무신 정권이 전보다 폭압적이었다는 점을 지적할 수 있다. 그 동안 정치 운영 경험이 없었던 무신들은 권력 싸움에 휩쓸려 사회 문제를 풀어 가는 데 눈을 돌리지 못했다. 이 때문에 농민들의 불만과 저항이 폭발적으로 일어나게 된 것이다.

여기에 고려의 지방 사회 운영 방식도 사태가 전국으로 급속히 번지는 데 중요한 배경이 되었다. 1권에서 설명했듯이, 고려의 지방 사회는 주민들에 의해 자율적으로 운영되었다. 이 운영은 안정된 사회에서는 정부가 많은 비용을 들이지 않고 지방을 통치할 수 있는 방안이었다. 그러나 지방 사회가 스스로 수습할 수 없을 정도로 문제가 커지면 사정이 달라진다. 중간에 사태 확산을 미리 막고 수습할 수 있는 장치가 없기 때문에 금방 전국으로 확산된다.

그렇다면 그렇게 폭발적이고 전국적인 농민 저항에도 불구하고 고려가 무너지지 않은 이유는 무엇일까? 모순처럼 들리겠지만, 이 또한 지방 사회의 자율적 운영 구조 때문이었다. 저항이 전국으로 확산되어도 지역 단위를 넘어 큰 세력이 형성되기 어려웠던 것이다.

여기에 최충헌은 무력 진압과 적극적인 회유를 동시에 써서 문제가 더 심각해지기 전에 수습하는 데 성공했다. 그 덕에 그는 4대 60년에 걸친 세습 정권을 이루어 낼 수 있었다.

고려와 몽골의 전쟁

칭기즈 칸의 등장과 동북 아시아의 정세 변화

고려가 거란과의 전쟁을 승리로 이끈 뒤 동북 아시아는 고려와 송나라, 요나라(거란)가 균형을 이루면서 안정기를 누립니다. 그러다가

12세기 들어 여진족이 금나라를 세워 세력을 넓히고 송나라와 연합하여 요나라를 멸망시킵니다. 1125년의 일이지요. 이어 금나라는 송나라까지 공격하여 멸망시켰는데, 왕족 일부가 양쯔 강 남쪽으로 내려가 나라를 다시 세우고 남송이라 이름합니다. 금나라와 남송은 강화를 맺어 충돌을 피했고, 고려도 금나라의 사대 요구를 받아들였지요. 그 덕에 세 나라는 다시 안정을 찾게 됩니다.

신부를 맞는 신랑 집

이동을 위한 천막 해체

병 치료

사냥과 들짐승

암염

이동

쇠똥 줍기

펠트 만들기

농업

정례식

결혼식 날, 신랑 집으로 떠나는 신부

사냥

동해 온 곳에서 살기 위한
막설치

샤라브가 그린 그림으로 알려진 〈몽골의 하루〉
가을 날 하루 풍경 속에 몽골 사람들의 생활과 일생의 주요 장면을 담은 그림이다.

칭기즈 칸 초상화

그러던 중 북쪽 몽골 초원에서는 아시아 전체를 뒤흔드는 태풍이 일어납니다. 테무친이라는 인물이 나타나 몽골 초원을 통합한 뒤 1206년 마침내 몽골 제국의 칸, 곧 황제에 오른 것입니다. 그가 여러분도 잘 알고 있는 '칭기즈 칸'입니다.

칭기즈 칸은 즉위하여 활발한 대외 정복을 전개합니다. 일차 목표는 다름 아닌 중원을 차지한 금나라였지요. 그는 먼저 금나라 서쪽에 있는 서하를 점령하여 배후 위협을 차단한 뒤 금나라 수도를 대대적으로 공략합니다. 일단 우호 관계를 맺은 다음, 서방 원정을 단행함으로써 몽골은 거대한 제국으로 발돋움합니다.

서방 원정에서 돌아온 칭기즈 칸은 몽골에 반기를 든 서하를 다시 정벌하러 나섰다가 병으로 세상을 떠납니다(1227년). 그리고 2년 뒤 셋째 아들 우구데이가 황제로 즉위합니다(태종). 태종은 칭기즈 칸의 뜻을 이어 대외 정복에 힘쓰는 한편, 직접 금나라 정벌에 나섭니다. 앞서 칭기즈 칸의 공격을 받았던 금나라는 수도를 남쪽으로 옮겨 저항 태세를 갖추었습니다. 그러나 많은 인구가 몰려들면서 식량을 둘러싼 분쟁이 발생하는 바람에 수도 방위가 무너지고 말았지요. 금나라 황제 애종은 이 곳을 탈출하여 각지를 옮겨 다니며 버텼습니다.

1234년, 몽골은 금나라의 마지막 근거지를 함락하여 마침내 중원 장악의 꿈을 이룹니다. 이 과정에서 몽골이 고려를 공격하면서 바야흐로 두 나라의 기나긴 전쟁이 시작됩니다.

원하지 않은 만남

한때 중원을 호령하던 금나라는 몽골의 공격을 받아 수도를 옮기면서 통치력이 급속히 약화됩니다. 이 틈을 타 각지에서 폭동과 반란이 계속 일어나는데, 그 가운데 거란족 무리도 있었지요. 내부 분쟁으로 그들 중 일부가 몽골에 투항하자, 만주 방면을 차지할 좋은 기회라 생각한 칭기즈 칸은 군대를 보내 거란족 토벌에 나섭니다.

몽골 군에게 쫓긴 거란군은 압록강을 건너 고려 영토로 들어왔습니다. 뜻하지 않은 외적을 만난 고려는 서둘러 토벌군을 보냈고, 쫓긴 거란군은 평양 남쪽의 강동성을 차지하고 버텼지요. 몽골 군도 거란군 토벌을 명분으로 고려의 허락도 얻지 않은 채 고려 영토로 진입하니, 고려와 몽골은 강동성에서 처음으로 마주하게 됩니다. 이 때가 1218년(고종 5), 그러니까 집권자 최충헌이 죽기 1년 전이군요.

이 해 12월, 추위 속에 식량이 떨어진 몽골 군은 고려에 식량 원조를 요구하며 공동 작전을 제의합니다. 고려는 일단 몽골 군의 제의를 받아들입니다. 두 나라 군대는 연합하여 강동성을 무난히 함락하고, 우호적인 분위기 속에 형제의 맹약을 맺었지요.

그러나 몽골 군의 개입은 고려가 예상하지도 원하지도 않은 일이었어요. 또 말이 형제의 맹약이지 실제로는 몽골이 일방적으로 강요한 불리한 약속이었지요. 그 뒤로 몽골 사신은 고려 조정에서 행패를 부리고 많은 예물을 요구하는 등 문제를 일으켰습니다. 고려 사람들 감정이 나빠질 수밖에 없었지요. 그러던 가운데 유난히 말썽을 피우던 몽골 사신 제구유가 본국으로 돌아가는 길에 압록강 근처에서 피살되는 사건이 발생합니다. 1225년의 일입니다.

고려는 여진족 도적들이 한 일이라고 주장했으나 몽골은 일방적으로 국교를 단절했습니다. 고려를 힘으로 확실히 제압하겠다는 속셈이었지요. 이제 전쟁은 눈앞의 현실로 다가오고 있었습니다.

고려의 단결된 저항과 몽골 군의 기습 작전 – 1차 전쟁

칭기즈 칸에 이어 몽골 제국의 황제가 된 태종 우구데이는 금나라 정벌에 나서면서 살리타라는 장수에게 랴오둥과 고려를 공격하게 했습니다. 1231년 살리타는 압록강을 건너 고려를 침공하는데, 이것이 고려와 몽골의 1차 전쟁입니다.

살리타는 거칠 것 없는 기세로 쳐들어왔지만, 이 일대를 지키는 고려군의 방어 또한 만만치 않았지요. 특히 귀주(지금의 평안 북북 구성)를 지키던 박서는 살리타의 집요한 공격을 거듭 막아 내면서 몽골 기병 부대의 속도전에 제동을 걸었습니다. 몽골 군은 고려 영토 안에 머무르는 기간이 길어지자 식량 부족 등 난처한 사정에 빠졌습니다.

이에 살리타는 성을 지키며 저항하는 고려군을 그대로 둔 채 바로 고려의 수도 개경을 공격합니다. 소식을 들은 고려 정부는 서둘러 군사를 소집하고 방비에 들어갔지요. 이 때 서울 관악산에서 활동하던 도적 무리가 정부에 투항하고 전투에 나선 것은 유명한 이야기입니다.

하지만 고려군은 몽골 군의 남하를 막지 못했고, 결국 개경이 포위되는 지경에 이르렀습니다. 다급해진 고려 정부는 살리타에게 많은 선물을 주며 강화를 제의했고, 오래 머무르기 곤란했던 살리타도 이를 받아들여 철수했습니다.

1차 전쟁은 이렇게 마무리되었습니다. 하지만 일시적으로 사태를 수습한 것일 뿐, 진짜 전쟁은 이제 시작이었습니다. 몽골의 요구는 호구 조사를 비롯해 사실상 복속을 의미하는 내용을 담고 있었습니다. 고려로서는 쉽게 받아들이기 어려운 것이었지요. 따라서 요구를 관철시키려는 몽골의 사정에 따라, 그리고 고려 정부의 태도에 따라 전쟁은 언제든 다시 일어날 수 있었지요. 그 우려는 고려 정부가 몽골에 대한 사대를 거부하고 강화도로 천도하자 현실로 나타납니다.

사대 대신 전쟁을 택하다 – 강화 천도

1차 전쟁이 끝난 뒤 집권자 최우는 몽골에게 사대하면 자신의 권력이 무너질 것이라고 판단합니다. 사대 외교란 주변 나라의 국왕이 중국 천자의 책봉을 받아 그를 대신하여 백성을 다스린다는 의미입니다. 철저한 상하 질서를 바탕으로 하기 때문에 신하가 국왕 위에서 권력을 쥐흔드는 것을 용납하지 않지요. 그것은 천자에 대한 도전으로 간주되어 무력 응징의 명분이 되곤 했습니다. 당 태종이 연개소문을 문제 삼아 고구려 원정을 단행했던 내용(3권 고구려 편 13장 참고) 기억나지요? 또 거란 성종은 강조를 문제 삼아 2차 고려 침공을 단행했고요(고려 1권 90쪽 참고). 최우도 이들과 같은 처지인지라 몽골에 대한 사대를 거부하고 전쟁을 택한 것입니다.

최우는 우선 도읍을 강화도로 옮기기로 합니다. 왜 강화도를 선택했을까요? 앞서 개경이 포위되었던 경험에서 드러나듯이 육지에서는 몽골 군과 맞서기 어렵다고 판단한 것이지요. 초원에서 살던 몽골 군이 물에 약하다는 점을 이용하여 섬으로 들어간 것입니다.

강화도는 해안 굴곡이 심하고 물길이 험해 익숙한 사람이 아니면 건너기 어려운 곳이었지요. 아, 참! 요즘 강화도에 가 본 사람은 이 말이 잘 이해되지 않겠군요. 지금은 해안선이 매끄럽고 육지와 가까워 험하다는 느낌이 들지 않으니까요. 조선 시대부터 간척이 많이 이루어진 결과랍니다. 지금 바닷가에 평야가 넓게 펼쳐진 곳들이 예

강화에 있는 고려 왕궁 터
고려가 강화에 천도한 뒤 개경으로 돌아갈 때까지 왕궁이 있던 곳이다. 사적 133호.

전엔 바다였어요. 실감나지 않는다면 아래 지도를 보세요.

게다가 강화도는 수도 개경에서 그다지 멀지 않고 남도에서 거둔 세금을 배로 운송해 올 수 있었으니, 한 마디로 몽골 군에게 맞설 수 있는 천혜의 요새였지요.

그러나 천도를 반대하는 의견도 만만치 않았습니다. 국왕이나 문신들은 몽골에 대한 사대를 피해 갈 수 없다고 보았어요. 육지에 남은 백성들이 큰 피해를 당할 텐데, 정부만 강화도에 들어가 살아남는 것이 무슨 의미가 있느냐는 주장이었지요. 한편에서는 정부가 육지에 남아 끝까지 맞서 싸워야 한다는 주장도 있었고요. 그러나

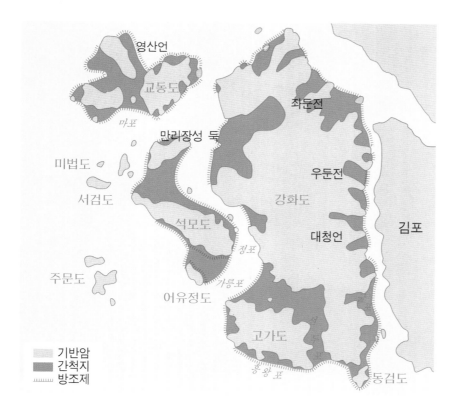

강화도의 해안선 변화

강화부 전도 19세기 후반 제작. 서울대학교 규장각 소장.

최우는 결사 항전을 주장하는 장수를 그 자리에서 처형하여 공포 분위기를 만든 뒤, 강제로 천도를 단행합니다.

이처럼 강화 천도는 최우의 권력을 보전하기 위한 선택이었습니다. 백성들에게는 산성이나 섬으로 들어가 지키도록 했지만, 거기서 버틸 만큼 충분한 식량이나 물은 준비하지 못했습니다. 많은 백성들이 식량 부족, 물 부족으로 고초를 겪어야 했지요. 게다가 몽골 군이 없을 때에는 들에 나와 농사를 지어야 했습니다. 강화도 정부에 꼬박꼬박 세금 내는 것은 말할 것도 없었고요.

반면 강화도로 들어간 최우와 국왕, 그리고 관리들은 천도할 때 가져간 온갖 물품과 백성들이 바치는 세금으로 전과 다름없는 사치를 누렸습니다. 그들에게 강화도는 향락을 지켜 주는 방벽이었던 셈이지요.

고려 정부가 강화도로 들어갔다는 소식을 들은 몽골은 이를 도전으로 여기고 응징에 나섭니다. 1232년 9월, 살리타가 다시 군대를 이끌고 고려를 침공하니 이것이 2차 전쟁입니다. 살리타는 곧바로 강화도에 사신을 보내 출륙 환도*를 요구했습니다. 고려 정부는 어떤 태도를 취했을까요? 물론 거부했지요.

그러자 살리타는 전 국토를 짓밟아 정부가 못 견디고 스스로 나오게 만드는 전략을 세웁니다. 바다 건너 직접 강화도를 공격하려면 상당한 장비와 병력이 필요한데, 그만한 준비를 갖추지 못했기 때문이지요.

이 때부터 몽골 군의 무차별 공격이 시작됩니다. 한 부대는 경상도 지방까지 내려갔는데, 대구 부인사에 소장되어 있던 초조 대장경

출륙 환도(出陸還都)
강화도에서 육지로 나와 본디 도읍인 개경으로 돌아가는 것을 말한다.

처인성
김윤후가 몽골 장수 살리타를 죽인 곳이다. 평지에 솟은 언덕을 이용해 쌓은 토성으로 현재 일부만 남아 있다. 경기 기념물 44호.

이 바로 이 때 불탔습니다. 그러나 살리타는 처인성(지금의 경기도 용인)을 공격하다가 이 곳에 들어와 있던 승려 김윤후가 쏜 화살을 맞아 죽습니다. 지휘관을 잃은 몽골 군이 서둘러 철군하여 2차 전쟁도 끝납니다.

기나긴 전쟁, 지친 백성들

1234년 금나라를 멸망시킨 몽골은 여세를 몰아 남송에 대한 공격을 준비하는 한편, 고려에 대한 원정을 다시 시작합니다. 이것이 3차 전쟁으로 만 5년 동안 이어집니다.

이규보의 시

강화 천도를 찬양하며 이 곳이 자신을 지켜 줄 것이라는 믿음을 담은 시입니다.

바다를 바라보면서 천도한 것을 뒤늦게 경축함

천도는 예부터 하늘 오르기만큼 어려운데　遷都自古上天難

공 굴리듯 하루아침에 옮겨 왔네　一旦移來似轉丸

청하(최우를 가리킴)께서 계획을 서두르지 않았더라면　不是淸河謀大早

온 나라는 벌써 오랑캐 땅 되었으리　三韓曾已化胡蠻

크고 튼튼한 성에 한 줄기 강이 둘렀으니　百雉金城一帶河

그 공력을 어디에 비길 것인가　較量功力孰爲多

천만의 오랑캐 기병이 새처럼 난다 해도　萬千胡騎如飛鳥

가까운 푸른 물결도 건너지 못하리　咫尺蒼波略未過

강산 안팎에 집이 가득 들어찼으니　表裏江山坐萬家

옛 서울 좋은 경치도 이보다 더하겠는가　舊京形勝復何加

강물이 견고한 성보다 나은 줄 안다면　已知河勝金城固

덕망이 강물보다 나은 줄도 알아야 하리　且更諳他德勝河

　몽골 군의 말발굽에 백성들이 무참히 짓밟히고 국토는 만신창이가 되고 있을 때, 어떤 마음에서 이규보는 이런 시를 썼을까요? 권력의 보호 아래 영화를 누리며 그 권력자를 찬양하는 데 익숙해져 버린 당대 최고 문장가의 서글픈 초상화라고나 할까요? 읽는 이에게 여러 가지를 생각하게 하는 시입니다.

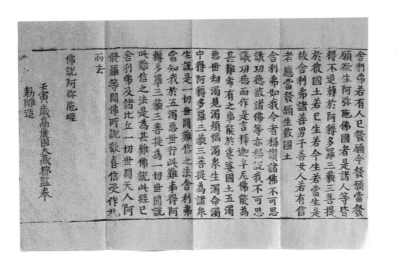

이번 전쟁은 그 동안 약속을 이행하지 않은 고려에 대한 몽골의 보복 공격이었지요. 처음부터 고려 정부와 교섭도 벌이지 않고 무차별한 살육과 파괴를 저질렀습니다. 곳곳에서 고려의 군대와 백성들이 맞서 싸웠지만, 결국 힘에서 밀려 많은 피해를 입었

해인사 재조 대장경 판본
대구 부인사에 소장되어 있던 초조 대장경이 몽골의 침입으로 불타자 다시 판본을 만들었다.

어요. 전국 곳곳에서 많은 사람들이 죽고 국토는 황폐해졌으며, 소중한 문화재가 파괴되었지요. 경주의 황룡사 9층 탑도 이 때 불탔습니다.

몽골 군의 거센 공격에 뾰족한 대책을 찾지 못하던 고려 정부는, 부처가 외적을 물리쳐 줄 것이라는 믿음을 안고 대장경을 다시 조판하기로 합니다. 초조 대장경이 2차 전쟁 때 불타 버린 터라 다시 한 번 대장경을 만들어 부처의 보호를 염원한 것이지요. 이것을 '재조 대장경'이라고 하는데, 그 분량이 8만 개가 넘는다 하여 '팔만대장경'이라고 부르기도 합니다(260쪽 '수준 높은 인쇄 문화' 참고). 팔만대장경은 분명 우리의 귀중한 문화 유산이지만, 외적의 침입으로 수많은 백성들이 피해를 입는 상황에서 많은 재산과 인력을 들여 만들었으니, 이 일을 어떻게 평가해야 할까요? 귀중한 문화 유산이라 하여 그것을 만든 권력자까지 좋게 생각할 수는 없지 않을까요?

전쟁이 길어지자 고려 정부는 사신을 보내 몽골 군의 철수를 호소

친조(親朝)
국왕이 직접 황제가 주관하는 조회에 참석하여 예를 표하는 것을 말한다.

합니다. 1239년, 몽골은 고려의 요청을 받아들여 국왕의 친조*를 조건으로 돌아갔습니다. 그러나 최우는 항복을 의미하는 친조를 받아들일 수 없었지요. 그래서 국왕이 친조할 수 없는 사정을 둘러대고 대신 다른 왕족을 보내는 것으로 협상을 마무리합니다.

이렇게 해서 3차 전쟁은 일단 마감됩니다. 얼마 뒤 몽골에서는 태종이 죽고 황제 계승을 둘러싼 분쟁이 다시 일어납니다. 몇 년 간 혼란을 겪고 나서 1246년 구유크가 황제 자리에 올랐습니다(정종). 정종은 어수선한 분위기를 쇄신하기

죽주산성
1236년(고종 23), 송문주가 이끄는 고려 군민이 몽골 군의 거센 공격을 막아 낸 곳이다. 성 안에는 송문주 장군을 추모하는 사당이 있다. 경기 기념물 69호.

위해 그 동안 몽골에 순응하지 않던 고려를 치게 하니, 이것이 1247년에 시작된 4차 전쟁입니다. 그러나 얼마 안 가 정종이 세상을 뜨는 바람에 고려 원정도 중단되었지요.

몽골은 또다시 몇 년 동안 혼란을 겪다가 1251년 몽케가 새 황제로 즉위합니다(헌종). 헌종 역시 고려에게 출륙 환도와 국왕의 친조를 요구했습니다. 물론 고려는 따르지 않았고요.

1253년 여름, 몽골이 다시 고려 원정에 들어가면서 5차 전쟁이 시작됩니다. 몽골은 이전의 요구를 반복했고, 고려는 군대부터 철수하

라고 버티면서 줄다리기 협상을 이어 갔습니다. 그 사이에 몽골 군은 각지에서 노략질을 해 댔고, 백성들의 피해는 늘어만 갔습니다. 사정이 어려워지자 고려 정부는 태도를 낮춰 국왕 고종이 직접 몽골 군의 사자(심부름하는 사람)를 만납니다. 여기서 고려 정부는 개경으로 돌아갈 것을 약속했고,

강화 선원사 터
재조 대장경을 제작한 곳으로 알려져 있다. 그러나 실제로 대장경을 조판한 곳은 경상 남도 남해 지역이라는 견해가 있고, 또 지금의 선원사 터가 실제로 선원사가 있던 곳이 아니라는 지적도 있다. 인천 광역시 강화군 선원면 소재. 사적 259호.

국왕 대신 가까운 왕족을 몽골에 보내기로 합의하여 일단 전쟁이 진정됩니다.

그러나 고려 정부는 여전히 강화도에서 꿈쩍하지 않았습니다. 몽골은 1254년 다시 고려를 침공합니다. 이후 6년 동안 세 차례 더 몽골의 공격이 이어졌는데, 보통 이것을 묶어 6차 전쟁으로 설명합니다. 이때부터 몽골 군은 많은 사람을 잡아가고, 때로는 그 동안 공격하지 않았던 섬들을 공격하기 시작합니다. 마음만 먹으면 강화도도 얼마든지 침공할 수 있음을 과시한 것이지요.

몽골 군의 공격이 심해질수록 강화도의 사정도 나빠졌습니다. 오랜 전쟁과 정부의 무책임한 행동을 더 이상 견딜 수 없던 백성들 중에는 정부 관리에게 대항하거나 심지어 몽골에 투항하여 그들의 앞잡이가 되는 사람들이 생기기 시작했고요. 이 분위기를 틈타 몽골에 붙어 권세를 누리려는 무리도 생겼지요. 1258년에는 고려의 동북면

(지금의 함경도) 사람들이 반란을 일으켜 관리들을 죽이고 몽골에 투항하는 일마저 일어납니다. 이 사건으로 철령 이북 땅이 몽골에 넘어갔지요. 몽골은 이 곳을 다스리기 위해 쌍성총관부라는 관청을 두었는데, 뒷날 공민왕 때 가서야 비로소 되찾습니다.

이쯤 되자 고려 정부에서도 무작정 강화도에 눌러앉아 있을 수 없다는 의견이 힘을 얻습니다. 바로 이 때 전쟁을 끝내고 강화를 맺을 수 있는 중대한 계기가 만들어집니다.

홍릉
고려 23대 고종의 능. 고종은 22대 강종의 아들로, 왕위에 있던 46년 동안 최씨 정권에 눌린 채 몽골과의 전쟁을 치르는 등 파란 많은 일생을 보냈다. 인천 광역시 강화군 강화읍 소재. 사적 224호.

40년 전쟁의 막이 내리다

몽골 군의 공격이 이어지던 1258년 3월, 강화도에서 정변이 발생하여 최의가 피살되고 최씨 정권도 무너졌습니다. 이어 집권한 김준 역시 출륙 환도를 원하지 않았으나 이전처럼 국왕이나 문신들의 주장을 묵살할 수는 없었지요. 더구나 육지나 강화도 모두 사정이 악화되어 더 이상 전쟁을 유지할 명분이 없어졌습니다. 1259년, 강화 교섭이 한 걸음 진전되어 태자(뒤의 원종)가 황제를 만나러 몽골로 향합니다.

이 때 몽골은 남송을 공격하는 데 온 힘을 쏟고 있었습니다. 하지

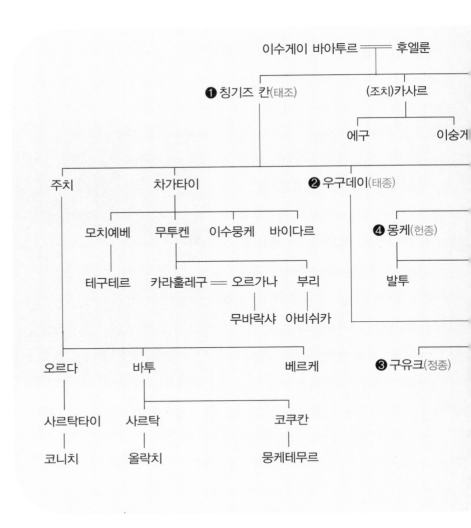

만 양쯔 강을 경계로 맞서는 남송의 저항도 만만치 않았지요. 그러던 중 헌종이 전선에서 세상을 떠나는 바람에 몽골은 또다시 황제 자리를 놓고 분쟁의 소용돌이에 휘말립니다.

　헌종의 동생 가운데 막내 아릭부케는 몽골의 수도 카라코룸을 지키고 있었고, 다른 동생 쿠빌라이는 남송 전선에 나가 있었습니다. 헌종이 죽자 싸움터에 있던 쿠빌라이가 황제 자리에 오릅니다. 그러자 수도를 지키던 아릭부케도 자신이 황제임을 내세웠지요. 이로 인해 갈등이 빚어져 쿠빌라이는 수도 카라코룸을 치러 갑니다.

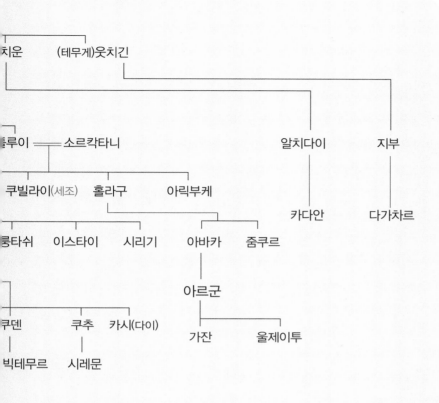

치운 (테무게)옷치긴

툴루이 — 소르칵타니

쿠빌라이(세조) 홀라구 아릭부케

알치다이 지부

카다안 다가차르

롱타쉬 이스타이 시리기 아바카 줌쿠르

아르군

쿠덴 쿠추 카시(다이)

가잔 울제이투

빅테무르 시레문

칭기즈 칸 가계와 초기의 황제 계승

쿠빌라이의 초상

　이 때 몽골로 가던 고려 태자는 몽골의 내분 소식을 듣고 누구를 만나야 할지 고심하다가 결단을 내려 쿠빌라이를 만납니다. 뜻하지 않게 고려 태자를 맞이한 쿠빌라이는 매우 기뻐했지요. 몽골에 굴복하지 않고 오랜 세월을 버티던 고려 태자가 자신을 찾아왔다는 것은, 곧 하늘이 자신을 황제로 인정하는 것이라고 해석했겠지요. 동생과 황제 자리를 놓고 싸워야 하는 그에게 지지를 호소할 수 있는 강한 명분이 생긴 셈이었지요.

그런데 마침 고려에서 고종이 세상을 떠났다는 소식이 전해집니다. 이에 쿠빌라이는 황제 자격으로 태자를 고려 국왕으로 임명하여 돌려보냈지요. 태자는 1260년 고려로 돌아와 왕위에 올랐는데, 그가 24대 원종입니다. 쿠빌라이 자신은 동생을 제압하고 황제 자리를 차지했지요. 바로 몽골 제국의 5대 칸인 세조입니다. 세조 때부터 몽골은 '원'이라는 나라 이름을 사용합니다. 고려 태자와 쿠빌라이의 만남, 그것은 곧 몽골과 고려 사이에 강화가 이루어졌음을 뜻합니다.

1264년, 몽골은 고려 국왕에게 친조를 요구합니다. 김준이 반대했지만, 원종은 다시 전쟁이 일어나면 안 된다는 문신들의 의견을 받아들여 처음으로 친조를 합니다.

친조를 마치고 돌아온 원종은 개경으로 돌아가는 일을 힘있게 추진합니다. 그 사이 무신 정권은 김준에서 임연으로 바뀌고 다시 임유무로 이어졌지만, 이젠 국왕의 발걸음을 막을 힘이 없었지요. 1270년, 100년 동안 지속된 무신 정권이 막을 내리면서 그들이 주도하던 몽골과의 전쟁도 끝을 봅니다.

이제 고려 정부는 개경으로 돌아가는 일만 남은 듯 보였습니다. 그러나 몽골에 대한 굴복과 출륙 환도에 반대하는 또 한 번의 저항이 발생합니다. 바로 삼별초가 반란을 일으킨 것이지요.

몽골에 대한 마지막 저항 – 삼별초의 난

기억하시겠지만, 삼별초는 무신 정권의 중요한 무력 기반의 하나로 정권의 보호를 받으며 특혜를 누렸습니다. 강화도에서 발생한 그 동안의 정변에서도 삼별초는 가장 중요한 구실을 했지요.

무신 정권이 무너지면서 설 자리를 잃게 된 삼별초는 몽골과 강화를 맺고 개경으로 돌아간다는 결정에 반기를 듭니다. 이에 원종은 삼별초 해산을 명령하고 그 장부를 압수합니다. 이 장부가 몽골에 넘어간다면, 거기에 수록된 사람들이 해를 입을 것은 불을 보듯 뻔한 일이었지요. 이를 염려한 삼별초는 장군 배중손의 지휘 아래 1270년 6월 반란을 일으킵니다.

배중손은 왕족 승화후 온을 왕으로 세우고 관청을 설치한 뒤 해안을 봉쇄하고 몽골에 계속 저항할 것을 선언합니다. 그러나 강화도를 탈출하는 사람이 줄을 잇고 수비도 어려워지자 재빨리 진도로 근거지를 옮깁니다. 당시 동원된 배가 1000여 척이라고 하니 그 규모가 대단했음을 알 수 있습니다.

삼별초는 진도에서 정부를 세우고 성을 쌓아 방비를 갖춘 뒤 해안여러 고을에 사람을 보내 동참을 호소합니다. 국왕이 몽골과 손 잡은사실에 반감을 가진 많은 백성들이 호응했지요. 이를 바탕으로 삼별초 정부는 해안을 낀 여러 고을에 세력을 떨쳤습니다. 이들은 스스로고려 정부라고 내세우며 일본에 외교 문서를 보내기도 했지요.

고려 정부는 여러 차례 군대를 보내 진도를 공격했지만, 강력한저항에 부딪혀 번번이 실패합니다. 당시 삼별초는 정부군에 맞설 만큼 많은 전함과 강한 해군을 보유하고 있었지요. 그러나 1271년, 김방경이 이끄는 고려와 몽골 연합군의 대대적인 공격에 밀려 진도는결국 함락됩니다. 이 때 지휘관 배중손이 전사하고, 국왕으로 앉혔던 승화후 온도 죽임을 당합니다.

진도 용장산성
강화도에서 진도로 이동한 삼별초가 저항의 근거지로 삼은 성이다. 돌로 쌓은 석성으로 1270년(원종 11)에 쌓은 것으로 추정된다. 전라남도 진도군 군내면 소재. 사적 126호.
용장산성에서 출토한 기와

그러나 저항은 여기서 끝나지 않았지요. 김통정이 남은 군대를 이끌고 탐라, 곧 지금의 제주도로 옮겨 저항을 이어 갔습니다. 1273년, 1만 명의 고려·몽골 연합군이 160여 척의 전함을 이끌고 대대적인 탐라 정벌에 나섭니다. 이에 삼별초는 죽기를 각오하고 맞섰으나 결국 무너지고 말았지요. 당시 포로로 잡혀 본토로 송환된 사람이 1300명에 이르렀다고 합니다. 김통정을 포함한 70여 명은 산

속으로 도망쳤지만, 얼마 뒤 김통정은 자결하고 나머지는 모두 붙잡혀 처형되었습니다.

처음에 삼별초가 봉기한 직접적인 동기는 원종의 해산 명령이었습니다. 곧 왕명을 거역한 반란이었지요. 이 때 원종은 몽골 황실과 손잡고 권력을 되찾으려 했기 때문에, 그의 명령을 거부하는 것은 곧 몽골에 굴복하지 않겠다는 의미도 있었지요. 당연히 삼별초 반란은 몽골에 대한 저항으로 바뀌어 나갑니다.

특히 진도로 내려갔을 때 주변 고을 백성들이 많은 지원을 보냈습니다. 이제는 삼별초만이 아니라 지난 40년 동안 억눌렸던 백성들도 저항의 물결을 탔습니다. 삼별초가 4년 동안 버틸 수 있었던 것도 바로 백성들의 지원이 있었기 때문이지요. 그래서 삼별초의 난을 정치적 반란을 넘어선 몽골에 대한 항쟁으로 평가합니다.

항파두리성 바깥성의 성곽
항파두리성은 바깥성과 안성으로 이루어진 성인데, 본디 석성이었던 안성은 파괴되어 흔적을 알 수 없다. 바깥성은 언덕과 계곡을 따라 돌로 기초를 다지고 흙으로 성벽을 쌓았다.

용장산성에서 정부와 몽골 연합군의 공격에 맞서고 있는 삼별초 군사들

삼별초가 진도에서 항전을 벌이는 동안 고려에는 두 개의 정부가 있었다. 하나는 강화도에서 개경으로 돌아간 본래의 정부이고, 다른 하나는 삼별초가 세운 정부이다. 삼별초 정부는 일종의 반란 정부이지만, 남부 해안 지방에 상당한 위세를 떨쳤다.

1267년(원종 8) 9월, 원종은 몽골의 요구로 일본 국왕에게 국서를 보낸다. 국서에는 몽골에 사신을 보내 사대할 것을 권유하는 내용이 담겨 있었다. 당시 고려와 외교 관계를 맺지 않고 있던 일본은 의례에 맞지 않는다 하여 국서를 받아들이지 않았다. 결국 고려 사신 일행은 아무런 성과도 얻지 못하고 이듬해 7월 귀국해야 했다.

그런데 4년 뒤, 그러니까 1271년(원종 12)에 고려에서 일본으로 또 하나의 국서가 전달되었다. 이번 문서는 지난번에 왔던 문서와 전혀 다른 내용이었다. 의심이 간 일본 정부는 두 문서에서 서로 어긋나는 내용을 12개 항목으로 정리해 두었는데, 이 문서가 현재까지 일본에 전한다.

그 가운데 특히 눈에 띄는 몇 가지 항목을 인용하면 다음과 같다.

> ▶ 전에는 몽골의 덕을 칭송하더니 이번에는 털가죽 입은 사람이라 부른다.
> ▶ 전에는 몽골의 연호를 썼는데, 이번에는 쓰지 않았다.
> ▶ 전에는 몽골의 덕에 순종하여 군신의 예를 갖추게 되었다고 했는데, 이번에는 강화에 천도한 지 40년 가까이 되었고, 또 진도에 천도했다고 하였다.

어찌 된 사정일까? 여러분도 금방 짐작이 가겠지만, 1271년의 국서는 진도의 삼별초 정부가 보낸 것이다. 그러니 몽골 황제의 명령을 받아 작성한 원종의 국서와는 내용이 전혀 다를 수밖에. 이렇게 국서까지 보낸 것을 보면, 당시 진도 정부의 세력이 상당히 강했음을 알 수 있다.

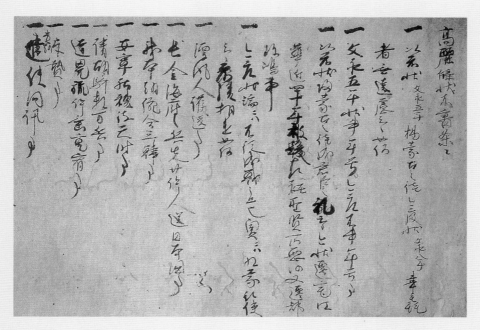

삼별초가 일본에 보낸 문서(고려첩장불심조조) 1271년(원종 12) 삼별초가 일본 가마쿠라 막부에 보낸 국서에 대해 일본측이 의심이 가는 내용을 정리한 기록이다. 본디 제목은 '고려첩장불심조조'로 일본 동경 대학 사료 편찬소에 소장되어 있다.

고려 원종 국서 원종이 쿠빌라이의 명령에 따라 일본에 보낸 국서로, 몽골에 사신을 보낼 것을 권유하는 내용이다. 일본 도다이지(東大寺: 동대사)에 소장된 《조복이조원적초》에 베껴 쓴 것이 전하며, 《고려사》에도 일부 내용이 실려 있다.

고려와 몽골의 전쟁

고려는 1231년부터 1270년까지 무려 40년에 걸쳐 몽골과 전쟁을 치렀다. 당시 몽골은 거칠 것 없는 기세로 영토를 확장하며 유럽 사회까지 공포에 떨게 했다. 인류 역사상 가장 넓은 영토를 차지했다는 몽골에 맞서 고려는 40년이나 싸웠고, 결국 몽골에 굴복하면서도 나라를 그대로 유지했다. 그럴 수 있었던 이유는 과연 무엇일까?

지금까지는 온 나라가 투철한 자주 의식으로 단결하여 외적에 맞서 싸웠기 때문이라고 설명하는 경우가 많았다. 물론 단결해 힘써 싸운 것이 망하지 않은 중요한 요인임은 두말할 나위 없다. 그러나 당시 몽골의 위력을 생각하면, 고려가 아무리 죽기를 각오하고 맞섰다 하더라도 40년을 버텼다는 사실 자체가 쉽게 이해되지 않는다.

여기서 우리는 다음 몇 가지 사실을 주목할 필요가 있다. 먼저 당시 몽골은 중국을 점령하는 데 온 힘을 쏟았다. 몽골이 중국으로 진출할 무렵 북쪽에는 금나라가, 남쪽에는 송나라(남송)가 있었다. 거대한 영토와 군사력을 가진 두 나라를 몽골은 차례로 굴복시키고 중국 전역을 차지한다. 남송이 멸망한 것은 고려가 몽골에 굴복한 지 10년 가까이 지난 1279년의 일이다. 몽골은 중국을 점령하는 데 힘쓰느라 고려와의 싸움에 전념할 수 없었던 것이다.

또한 고려는 몽골과 40년 내내 전쟁한 것이 아니다. 몽골은 중국을 공격하는 사이사이에 따로 군대를 보내 고려를 침공했다. 몽골 군은 몇 차례 전투를 치른 뒤 강화도에 들어가 있는 고려 정부에게 개경으로 돌아와 항복하라고 위협했다. 고려 정부는 천혜의 요새인 강화도를 방패 삼아 버티면서 몽골 군이 먼저 물러갈 것을 요구했다. 하지만 몽골 군이 물러가

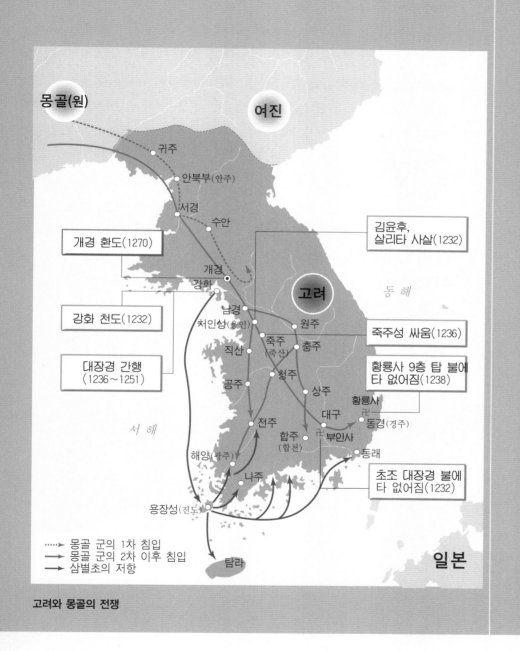

몽골(원)

여진

귀주

안북부 (안주)

서경

수안

김윤후,
살리타 사살 (1232)

개경 환도 (1270)

개경

강화

고려

동 해

강화 천도 (1232)

남경

처인성 (용인)

원주

죽주성 싸움 (1236)

죽주
(죽산)

충주

대장경 간행
(1236~1251)

직산

청주

공주

상주

황룡사 9층 탑 불에
타 없어짐 (1238)

서 해

전주

대구

황룡사

합주
(합천)

부인사

동경 (경주)

해양 (광주)

동래

나주

초조 대장경 불에
타 없어짐 (1232)

용장성 (진도)

탐라

일본

┈┈▶ 몽골 군의 1차 침입
──▶ 몽골 군의 2차 이후 침입
──▶ 삼별초의 저항

고려와 몽골의 전쟁

도 개경으로 나오지 않았다. 몇 년이 흐른 뒤 몽골은 다시 기회를 보아 고려를 침공했다. 이러기를 몇 차례 반복하면서 40년이라는 세월이 흐른 것이다. 게다가 고려 태자가 쿠빌라이를 만난 1259년 이후로는 전투도 없었으니, 실제 전쟁 기간은 30년이 채 안 되는 셈이다.

다음으로 온 나라가 힘을 합쳐 몽골 군에 저항했다는 것도 사실과 다르다. 처음 몽골과 싸울 때에는 도적 무리도 정부에 투항하여 전투에 나가는 등 온 백성이 단결했다. 하지만 천도한 뒤 정부는 강화도 지키기에만 급급할 뿐 본토를 짓밟는 몽골 군을 물리치기 위한 노력을 기울이지 않았다. 전쟁은 고스란히 육지에 남아 있는 백성들의 몫이었다. 몽골 군과 맞서 싸우는 백성들은 점점 많은 피해를 입었고, 그런 어려움 속에서도 강화도 정부에 세금을 꼬박꼬박 내야 했다. 전쟁 막바지에는 지친 백성들 가운데 차라리 몽골 군에게 항복하는 것이 낫다고 생각하는 사람들도 생길 정도였다.

한편 전쟁을 바라보는 시각도 다시 생각해야 한다. 전쟁은 두 나라가 힘으로 맞서는 일이다. 따라서 우리가 침략자에 맞서 싸웠다는 것만으로 모든 것을 설명할 수는 없다. 전쟁을 제대로 이해하려면 두 나라의 여건을 모두 고려해야 한다. 몽골이 왜 고려에 쳐들어왔는지, 전쟁을 어떤 방식으로 수행했는지, 왜 전쟁을 끝내게 되었는지 등 여러 배경을 알아야 한다.

고려의 경우, 권력을 가진 지배층과 일반 백성들의 입장이 어떻게 달랐는지, 지배층 안에서도 국왕 및 문신들과 무신 권력자의 입장에 어떤 차

용두 돈대에서 바라본 강화도 전경

이가 있었는지 생각해 보아야 한다. 실제로 고려 국왕이나 문신들은 전쟁을 원하지 않았으나, 무신 권력자가 독단적으로 전쟁으로 끌고 갔음을 기억해야 한다.

또 전쟁이 40년 동안 지속되었다면, 그 사이에 두 나라에는 많은 변화가 있었을 것이다. 전쟁의 여건도 바뀌고 전쟁에 임하는 태도 역시 달라질 수밖에 없다. 이 변화를 알아야 전쟁이 끝난 이유를 제대로 이해할 수 있고, 나아가 여러분 스스로 역사를 보는 안목을 키울 수 있을 것이다.

2

원의 간섭 아래 개혁을 모색하다

원 간섭기 고려의 정치·사회

원 간섭기 고려 사회의 특징

원나라 세조의 약속

삼별초의 난을 마지막으로 몽골에 대한 고려의 항쟁도 끝났습니다. 나라가 망하지 않은 대신 고려는 몽골이 세운 원나라의 지배를 받게 됩니다. 이 때부터 공민왕이 반원 개혁을 단행할 때까지를 역사학계에서는 '원 간섭기'라고 부릅니다. 원나라의 지배를 받으면서도 고유한 문화와 제도를 많은 부분 유지했기 때문이지요.

고려가 몽골에 굴복했으면서도 나라가 없어지지 않은 이유는 무엇일까요? 이것은 이 시기를 배우는 사람이면 누구나 한 번쯤 가지

제국대장 공주의 무덤
제국대장 공주는 원나라 세조의 딸이다. 1274년(원종 15) 태자로 원나라에 와 있던 충렬왕과 결혼하여 아들(충선왕)을 낳았다.

는 의문입니다. 물론 고려의 끈질긴 저항도 한몫했겠지요. 하지만 그것만으로는 설명되지 않는 부분도 많답니다. 그럼 어떤 이유로 고려가 원의 간섭을 받으며 유지되었는지 한번 살펴볼까요?

이야기는 몽골과 강화를 맺고 고려 태자가 몽골 황제를 만나러 가는 시기로 거슬러 올라갑니다. 당시 쿠빌라이, 그러니까 원나라 세조는 고려 태자가 몸소 자신을 만나러 왔다는 사실에 무척 기뻐했으며, 고려 고종이 죽었다는 소식이 전해지자 그를 국왕으로 책봉해서 돌려보냈다는 내용, 기억나지요? 자신이 직접 고려 태자를 국왕으로 책봉했다는 것은 고려를 독립된 한 나라로 인정한다는 약속이었지요. 쿠빌라이는 황제로서 책봉한 국왕을 없애고 고려를 병합(하나로 합침)할 수는 없었던 것입니다.

또 쿠빌라이는 자신을 찾아온 대가로 원종에게 고려의 고유한 풍속을 고치지 않아도 좋다는 약속을 합니다. 이른바 '불개토풍(不改土風)'의 원칙이지요. 이 약속은 단지 풍속에만 그치지 않고 전통적인 제도까지 허용하는 것이었어요. 본디 몽골은 다른 지역을 정복하면 그 지역의 제도나 문화를 모두 몽골 식으로 바꾸었는데, 고려에게는 예외를 인정해 준 것입니다. 다만 원나라에 대한 사대 관계에 거슬리는 부분만큼은 허용하지 않았습니다. 고려가 황제의 격식에 맞추던 의례를 모두 제후의 격으로 낮춘 것이 그 예이지요.

왕조 국가에서 후대 황제나 국왕은 선조가 행한 조치나 처분을 받들어야 했습니다. 후손이 마음대로 제도를 만들거나 바꾸면 왕조가 흔들릴 수 있기 때문이었지요. 따라서 형편에 따라 조정하기는 해도 중요한 정책들은 가능하면 그대로 유지하려고 했습니다. 세조 쿠빌라이의 약속 역시 그가 죽은 뒤에도 지켜집니다. 실제로 고려는 원나라의 간섭이 심해지면 불개토풍의 원칙을 들먹이며 틀어막곤 했습니다.

대표적인 보기가 노비 제도 개혁입니다. 부모 가운데 한쪽이 노비이면 자식도 노비가 되는 고려의 노비 제도가 바람직하지 않다고 본 원나라는 관리를 보내 이를 개혁하도록 했어요. 그러나 고려 지배층이 세조의 약속을 내세우며 거부하자 더 이상 강요하지 않았지요. 이 약속을 '세조의 옛 제도'라는 의미로 '세조구제(世祖舊制)'라고 부르기도 합니다.

불개토풍의 원칙과 함께 눈에 띄는 또 하나의 약속은 원나라 황실과 고려 왕실 사이의 혼인입니다. 원종은 즉위한 뒤 친조를 위해 원나라에 갔을 때, 세조와 만난 자리에서 고려 태자와 몽골 공주의 혼인을 제안합니다. 왜 이런 제안을 했을까요? 짐작하겠지만, 몽골 황실의 힘을 등에 업고 그 동안 무신 정권에 눌려 있던 왕실의 권위를 되찾으려는 의도였지요. 세조 쿠빌라이가 이 제안을 기꺼이 받아들여 고려 태자(충렬왕)와 쿠빌라이의 딸(제국 공주)이 결혼하게 됩니다.

이후 고려 국왕은 원나라 황실의 공주와 결혼하는 것이 관례가 되었습니다. 원나라 황실의 부마(사위)가 되는 셈이지요. 다만 충렬왕 이후로는 황제 딸이 아닌 친척 딸과 결혼하여 다소 격이 낮아집니다.

고려 후기 역사는 몽골 제국과 뗄 수 없는 관계였습니다. 따라서 당시 몽골 제국이 어떻게 구성되었는지 이해할 필요가 있겠지요? 사실 이 문제는 워낙 복잡해서 쉽게 이해하기 어렵지만 간략하게나마 알아봅시다.

칭기즈 칸은 서방 원정을 승리로 이끈 뒤 아들과 동생들에게 각 지역을 나눠 주었습니다. 이것을 '분봉(分封)'이라 하지요. 맏아들 주치에게는 카스피 해와 아랄 해 북방의 남러시아 지방을, 둘째 차가타이에게는 톈산 산맥 너머 중앙 아시아 지역을, 셋째 우구데이에게는 지금의 중국 신장성 북서부 지역을, 그리고 넷째 툴루이에게는 아버지의 직할지를 분봉했습니다. 그리고 동생 세 명에게는 만주를 비롯한 동북 아시아 방면을 분봉하니, 이를 '동방의 3왕가'라고 합니다. 이

들 가운데 칭키즈 칸을 이어 대칸(大汗), 곧 황제 자리에 오른 사람은 셋째 아들 우구데이입니다. 그는 몽골 초원에 수도 카라코룸을 건설하고 교통로를 닦아 제국의 기틀을 잡습니다. 우구데이 다음에는 아들 구유크가 대칸 자리를 이어받았으나, 그가 죽은 뒤에는 툴루이의 아들 몽케와 쿠빌라이가 대칸 자리를 차지합니다.

그 사이에 아들들이 분봉받았던 각 지역은 어떻게 되었을까요? 이들은 원나라를 중심으로 한 몽골 제국의 일원으로 있으면서도 점차 느슨해져 독립 국가로 바뀌어 갑니다. 하지만 그들이 분열된 것은 아니었지요. 원나라는 여전히 그 자체가 몽골 제국이었고, 제국 안에 여러 울루스가 있었을 뿐이지요. 부족, 부족 연합, 국가, 제국 등 여러 단계의

그런데 세조 쿠빌라이는 왜 결혼 제의에 선뜻 응했을까요? 원종이 자신을 찾아온 데 대한 보답일 수도 있겠지요. 그러나 거기에는 오랜 기간 저항해 온 고려를 힘으로 누르기보다는 적절히 구슬려 복종하게 하는 것이 더 효과적이라는 계산이 깔려 있었습니다. 이를 위해서는 결혼을 통해 돈독한 관계를 맺는 것만큼 좋은 방법이 없었지

복잡한 의미를 지닌 울루스는, 특히 하나의 국가를 가리킬 때 보통 '한국(汗國)'이라고 번역합니다. 대표적인 한국으로는 킵차크 한국, 차가타이 한국, 일 한국이 있습니다.

킵차크 한국은 남러시아 지역에 세워진 한국입니다. 주치의 둘째 아들 바투는 대칸 우구데이의 명령으로 대대적인 서방 원정에 나섭니다. 1235년에 시작하여 1242년 우구데이의 사망으로 중단될 때까지 이어진 원정은, 당시 유럽 사회를 공포로 몰아넣으며 지금의 폴란드 지역까지 진출했지요. 이 과정에서 남러시아 일대에 탄탄한 기반을 구축하는데, 이것이 킵차크 한국입니다.

차가타이 한국은 차가타이가 분봉받은 중앙 아시아 지방에 수립된 한국입니다. 뒷날 이 지역에 있던 투르크가 성장하여 중앙 아시아를 아우르는 티무르 제국을 건설하지요. 한편 남송 정벌이 한창이던 시기, 몽케의 동생 훌라구는 군대를 이끌고 이란 방면으로 원정에 나섭니다. 1258년 바그다드를 함락하여 거대한 이슬람 제국을 무너뜨린 장본인이지요. 그는 여기에 일 한국을 세웁니다.

여기에 우구데이 한국을 포함하여 '4한국'이라 부르기도 하지만, 우구데이와 그 후손이 원나라 황제에 즉위하고 다른 한국과 달리 일찍 소멸했기 때문에 근래의 연구 대상에서는 제외하는 추세입니다.

동방 3왕가는 고려와도 밀접한 관계에 있었던 것으로 보이지만, 자료가 부족하여 잘 알려져 있지 않습니다.

그리고 고려는 몽골의 부마국으로, 몽골 제국을 구성하는 울루스의 하나였습니다.

요. 이런 결혼을 흔히 '정략 결혼'이라고 하는데, 오늘날도 유명 가문 사이에 종종 이루어집니다. 결국 원나라 황실과 고려 왕실의 결혼은 서로의 이해 관계가 맞아떨어져 이루어진 것입니다.

고려의 중앙 정치 제도는 중국과 같은 3성 6부제를 기반으로 했다. 이것은 황제국의 체제이기 때문에 원나라의 지배를 받게 되면서 개편해야 했다. 중서문하성과 상서성은 하나로 통합해 첨의부(僉議府)라 했고, 6부 가운데 이부와 예부는 전리사(典理司)로 통합되었다. 병부는 군부사(軍簿司), 형부는 전법사(典法司), 호부는 판도사(版圖司)로 각기 개정되었고, 공부는 폐지되었다. 부(府)는 성(省)보다 격이 낮고, 사(司)도 부(部)보다 낮은 등급의 관청이다. 공민왕 때 6부로 복구되었으나 조선에 들어서는 6조(曹)라고 하여 그 격을 다시 낮추게 된다.

또 국왕과 관련한 모든 표현과 의례도 격이 낮아졌다. 하늘에 대한 제사인 원구단 의례를 행할 수 없었고, 황제를 상징하는 황색을 사용할 수 없었다. 왕의 명령은 '조(詔)'에서 '교(敎)'로 바뀌었고, 신하들도 왕을 '폐하(陛下)'라 부르지 못하고 '전하(殿下)'로 불러야 했다(고려 1권 236쪽 '외왕내제' 참고).

왕이 죽은 뒤에 올리는 호칭에도 변화가 왔다. 고려에서는 본디 왕이 죽으면 위패를 종묘에 모시면서 '조(祖)'나 '종(宗)'을 붙인 이름, 곧 묘호(廟號)를 올렸으나 원의 간섭을 받은 뒤로는 묘호를 쓰지 못했다. 대신 원나라에 대한 충성을 상징하여 '충(忠)'자를 붙이게 되었으니, 충렬왕·충선왕·충숙왕·충혜왕·충목왕·충정왕의 명칭이 이를 보여 준다. 또한 고종과 원종은 고려식으로 묘호를 받았음에도 고종은 충헌왕, 원종은 충경왕으로 각각 이름을 바꾸었다.

한 사람이 두 번씩이나 왕위에 오르다니 - 중조

고려를 지배하는 창구로서 원나라에게 가장 중요한 것은 두말할 것도 없이 고려 국왕이었지요. 따라서 원나라는 고려 국왕을 통제할 수 있는 권한을 최대한 행사했습니다. 보통 사대 외교에서 중국 황제는 주변 나라 국왕을 임명하는 책봉의 권리를 가지고 있습니다. 물론 자기 뜻대로 임명하는 게 아니라, 즉위하고 나면 뒤따라 인정해 주는 식이었지요. 하지만 해당 국왕에게는 권위를 과시하기 위해 꼭 필요한 절차이기도 했습니다.

그런데 원나라는 고려 국왕을 자기 입맛에 맞게 임명했고, 마음에 들지 않으면 자리에서 끌어내리기도 했습니다. 한술 더 떠 끌어내린 국왕을 도로 즉위시키는 횡포를 부리기도 했어요. 혹시 여러분, '중조'*라는 말 들어 봤나요? 다소 낯선 말일 텐데, 이 말은 한 사람이 두 번 왕위에 오른 걸 뜻하지요.

본디 국왕은 일단 왕위에 오르면 죽을 때까지 하는 것이 원칙입니다. 건강에 문제가 있을 때 미리 왕위를 물려준다거나 정변으로 쫓겨나는 경우도 있지만, 이 또한 물러나면 그것으로 끝이었습니다. 그런데 원 간섭기에는 한 사람이 두 번 왕위에 오르는 특이한 상황이 몇 차례 발생합니다.

바로 충렬왕과 충선왕, 충숙왕과 충혜왕 시기인데요, 순서로 보자면 충렬왕(1274)-충선왕(1298)-충렬왕(1298)-충선왕(1308)-충숙왕(1313)-충혜왕(1330)-충숙왕(1332)-충혜왕(1339)이 됩니다.

충렬왕과 충선왕, 충숙왕과 충혜왕이 각기 번갈아 즉위했음을 볼 수 있는데, 이들은 서로 부자 관계입니다. 왕위를 계승했던 아들에

중조(重祚)
'중'은 거듭, 중복의 뜻이고, '조'는 왕위를 뜻한다. 곧 중조는 왕위에 거듭 오른다는 의미이다.

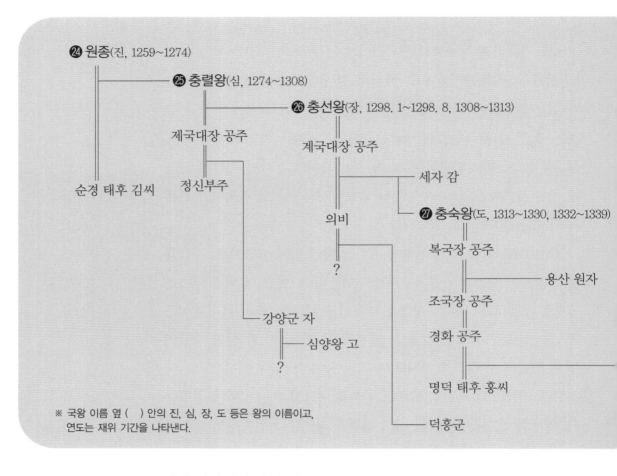

❷❹ 원종(진, 1259~1274)

❷❺ 충렬왕(심, 1274~1308)

❷❻ 충선왕(장, 1298. 1~1298. 8, 1308~1313)

제국대장 공주

계국대장 공주

세자 감

순경 태후 김씨

정신부주

❷❼ 충숙왕(도, 1313~1330, 1332~1339)

복국장 공주

의비

용산 원자

?

조국장 공주

경화 공주

강양군 자

심양왕 고

?

명덕 태후 홍씨

덕흥군

※ 국왕 이름 옆 (   ) 안의 진, 심, 장, 도 등은 왕의 이름이고, 연도는 재위 기간을 나타낸다.

이어 아버지가 다시 왕위에 오른 것이지요. 삼촌이 조카에게 물려받는 경우는 간혹 있지만, 아들이 아버지에게 물려주는 것은 정상적인 왕조 국가에서는 있을 수 없는 일입니다. 우리 역사상 이전에도 없었고 이후에도 생기지 않았지요.

왜 이런 현상이 생겼을까요? 그것은 고려 국왕의 지위가 철저히 원나라에 종속되어 있었기 때문입니다. 고려 국왕의 행보가 마음에 들지 않으면 왕위에서 밀어냈다가 여건이 바뀌면 다시 올려 주기도

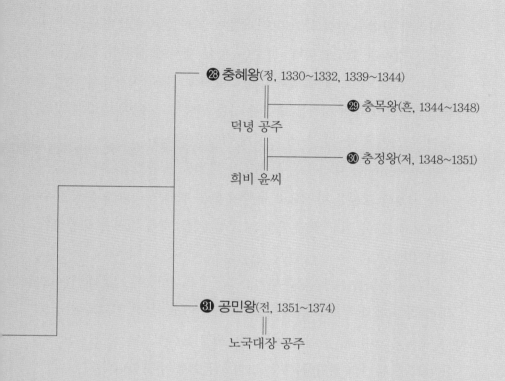

❷❽ 충혜왕(정, 1330~1332, 1339~1344)

❷❾ 충목왕(흔, 1344~1348)

덕녕 공주

❸⓪ 충정왕(저, 1348~1351)

희비 윤씨

❸❶ 공민왕(전, 1351~1374)

노국대장 공주

원 간섭기 고려의 왕위 계승표

했던 것이지요.

심지어는 국왕으로 있다가 원나라로 잡혀가고, 그 곳에서 다시 변방으로 유배되는 일도 생겼습니다. 충선왕과 충혜왕이 그런 일을 겪었는데, 충혜왕은 결국 유배지에서 세상을 떠났지요. 국왕의 신세가 이러했으니 원나라에 많은 공물을 바치고 때로는 환관과 공녀로 가야 했던 백성들의 어려움은 말할 것도 없었겠지요?

권력이 여럿이니 정치 세력도 여럿이라

원나라의 간섭을 받는 동안 고려 국왕은 나라를 비우고 원나라에 머무르는 경우가 많았습니다. 때로는 황실 행사에 참여하기도 하고, 때로는 불려 가 그 곳에 억류되기도 했지요. 왕조 국가에서 국정을 운영하려면 국왕의 허락을 받아야 하는 법인데, 국왕이 이렇게 자리를 비운 사이에 나라는 누가 어떻게 운영했을까요?

바로 이전부터 내려오던 문벌들이 국정을 담당했답니다. 이들은 가문 배경과 경륜을 바탕으로 국왕이 없을 때에도 나라를 운영할 수 있었지요. 물론 최고 책임자가 제 구실을 할 때에 비하면 원활하지 않았지만요.

이런 문벌들을 보통 '권문세족'*이라 부릅니다. 이 가운데에는 고려 전기 이래로 문벌을 유지해 온 경우도 있고, 무신 집권기에 성장한 예도 있으며, 원 간섭기에 들어와 새로 올라선 부류도 있지요. 이들이 고려 후기의 정치와 사상, 그리고 문화를 주도합니다.

권문세족들은 도평의사사라는 기구에서 회의를 하여 여러 업무를 처리했습니다. 원래 국방 문제를 논의하던 도병마사가 있었는데, 원의 간섭을 받게 되면서 이름을 도평의사사로 바꾸고 국정 업무를 도맡게 됩니다. 사실상 최고 권력 기구로서 도당이라 불렀지요.

권문세족은 원나라의 지배를 인정하면서도 고려의 전통을 유지하려고 애썼습니다. 원나라에 병합되거나 종속이 심해지면 자신들의 기득권이 약해지기 때문이었지요. 이 같은 권문세족의 노력은 고려가 자주성을 지킬 수 있었던 힘인 동시에, 고려 사회의 여러 폐단을 개혁하지 못하게 하는 이유이기도 했습니다.

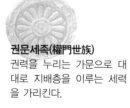

권문세족(權門世族)
권력을 누리는 가문으로 대대로 지배층을 이루는 세력을 가리킨다.

한편 몽골은 제국을 건설하면서 점령지의 신분 제도와 상관없이 그들의 이익에 적합한 사람들을 뽑아 썼습니다. 고려의 경우도 마찬가지였지요. 원나라 입맛에 맞게 처신하며 출세하는 부류가 나타난 것입니다. 특히 원나라 권력자들과 직접 마주할 기회가 많은 역관과 환관 가운데 그러한 부류가 많았지요.

고려와 원나라는 언어가 달랐기 때문에 통역해 줄 사람이 필요했습니다. 원나라 태도에 따라 큰 영향을 받았기 때문에 역관의 입김이 셀 수밖에 없었지요. 역관이 어떻게 통역하느냐에 따라 고려에 큰 이익을 줄 수도 있고, 반대로 아주 난처한 경우가 생길 수도 있었으니까요.

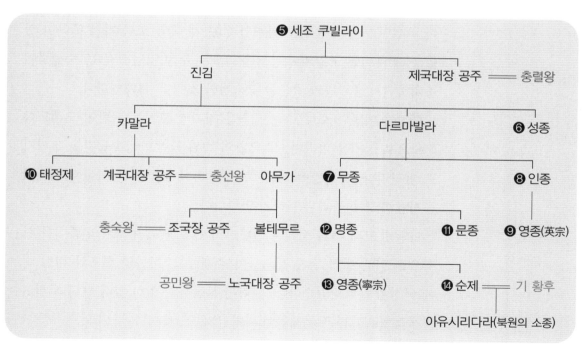

원나라 황실과 고려 왕실의 혼인 관계

그러다 보니 고려 정부가 역관의 눈치를 보는 경우가 생기곤 했는데, 이를 이용하여 권세를 누리는 사람도 있었습니다. 원나라 황실에서 일하며 때때로 고려에 사신으로 오는 환관들 역시 마찬가지였지요. 이처럼 원나라에 빌붙어 권력을 누리는 부류를 흔히 '부원 세력'이라고 합니다.

한편 고려 국왕은 원나라에서 지내는 시간이 많다 보니 정작 고려의 국정을 장악하는 데 어려움이 있었습니다. 믿고 부릴 만한 사람이 없었기 때문이지요. 그래서 국왕은 자기에게 충성하고 자기 뜻을 받들어 줄 사람들을 키웠습니다. 이들은 대개 원나라에서 생활할 때 주변에서 일하며 도와주던 사람들로, '측근 세력'이라고 부릅니다.

이들은 국왕의 신뢰를 바탕으로 권세를 부렸습니다. 따라서 국왕이 바뀌면 그들의 운명도 바뀌었지요. 새 국왕 또한 자기 측근이 있었을 테니 이전 국왕의 측근들을 그대로 두지 않았겠지요? 충선왕이 즉위하면서 충렬왕의 측근들을 숙청한 것이 그 보기입니다.

사정이 이렇다 보니 측근 세력은 자기가 모시는 사람이 오래도록 국왕으로 있기를 바라며, 새 국왕의 즉위를 막으려고 농간을 부리기도 했답니다. 충선왕이 처음 즉위한 지 채 1년이 안 되어 왕위에서 밀려난 것도 이들과 무관하지 않습니다.

이렇게 고려 후기 정계는 원나라의 간섭과 고려 국왕의 특이한 상황으로 인해 여러 정치 세력들이 존재했고, 이들의 협조와 대립 속에 국정이 운영되었습니다. 권력이 복잡하게 얽혀 있다 보니 사회·경제적으로도 많은 문제들이 나타났지요.

우리에게 친숙한 물건 가운데에는 예전에 외국에서 들어온 것들이 많습니다. 김치 담글 때 없어서는 안 되는 고추가 임진 왜란을 전후해서 일본에서 들어왔다는 사실은 이제 상식에 속합니다. 호두도 그런 물건 가운데 하나인데, 이것이 언제 어떻게 들어왔는지 아는 사람은 별로 없습니다.

호두의 본디 이름은 호도(胡桃)입니다. '호'라는 명칭이 붙은 물건은 대개 서아시아 쪽에서 중국으로 들어와 다시 우리 나라로 전래된 것들입니다. 호도는 생긴 모양이 복숭아 씨를 닮아서 붙여진 이름으로, 뒤에 발음이 변해서 호두가 되었지요. 호초(胡椒)가 후추로 변한 것과 비슷합니다.

호두가 우리 나라에 들어온 것은 1290년(충렬왕 16) 9월의 일로 알려져 있습니다. 부원 세력의 한 사람인 유청신이 원나라에 갔다가 돌아오는 길에 처음 들여왔다고 합니다. 그는 뒷날 고려를 원나라 땅으로 만들려고 시도한 핵심 인물이기도 합니다.

그가 호두를 처음 심은 곳은 천안 광덕사로 알려져 있는데, 지금도 광덕사에는 400여 년 된 호두나무가 자라고 있습니다. 천안 호두 과자가 유명해진 데에는 이런 역사적 배경이 깔려 있었군요.

광덕사의 호두나무 나무의 나이는 400년 정도로 추정된다. 충청남도 천안시 광덕면 소재. 천연 기념물 398호.

아! 그렇구나 고려 출신 공녀와 기 황후

우리 역사에서 이름을 날린 여성을 들라면 누구를 꼽을 수 있을까? 명성 황후? 장희빈? 그렇다면 고려 시대에는 누구를 들 수 있을까? 아마 기 황후를 떠올리지 않을까?

기 황후는 원나라에 공녀로 들어갔다가 황제의 총애를 받아 황후 자리에 오른 여인이다. 궁녀에서 중전 자리까지 올라간 장희빈만큼이나 극적인 삶을 살았다. 기 황후의 일생에는 원나라와 고려의 파란 많은 역사가 담겨 있다.

유목 민족은 척박한 환경 탓에 여성이 부족했다. 이에 정복한 곳에서 여성을 얻거나 빼앗아 가는 경우가 많았다. 원나라는 고려에게도 여성들을 요구했는데, 이 때 보낸 여성들을 공녀(貢女)라고 한다. 몽골과의 전쟁이 막 끝난 뒤인 1274년(원종 15), 처음으로 고려는 공녀 140명을 보냈다. 그리고 공민왕의 반원 개혁 전까지 많은 공녀들이 눈물 속에 고향을 떠나 낯선 이국 땅으로 끌려가야 했다.

그렇다면 원나라로 간 공녀들은 어떻게 되었을까? 대개 궁녀가 되거나 높은 관리의 시녀가 되었다. 기 황후 역시 궁녀로 들어갔다가 원나라 순제의 총애를 받아 태자를 낳은 뒤 제2황후의 자리에 올랐다. 아들을 후계자로 세우면서 정계에도 큰 영향을 끼쳤고, 마침내 정후, 곧 최고 지위의 황후로 책봉되었다.

하지만 기 황후의 일생은 순탄하지만은 않았다. 당시 원나라는 이미 예전

의 막강한 제국이 아니었다. 지방 각지에서 한족의 반란이 끊이지 않더니, 기 황후가 정후로 책봉된 이듬해에는 명나라를 건국한 주원장에 의해 수도 마저 함락되었다. 원나라는 북쪽으로 철수해 나라를 이어 갔는데, 이를 '북원(北元)'이라 한다. 북원을 세운 소종(昭宗)이 바로 기 황후의 아들이다.

원나라가 북쪽으로 철수할 때 기 황후도 따라갔지만, 그 뒤의 행적은 알려져 있지 않다. 오래지 않아 북원마저 쇠퇴했고, 고려의 친족들도 공민왕에 의해 모두 숙청되었다. 이와 함께 한 시대를 풍미한 기 황후의 이야기도 역사 속에 묻히고 말았다.

사회 경제가 달라지다 – 농장

원 간섭기의 권문 세족이나 부원 세력, 그리고 국왕의 측근 세력 사이에 공통점이 있다면 무엇일까요? 예, 바로 권력을 가진 지배층이라는 사실입니다. 각기 권력의 기반은 달랐지만, 지배층으로서 권력을 휘두르며 재산을 늘리고 고급 문화를 추구한 것은 똑같았지요.

당시 가장 중요한 재산은 토지와 노비였습니다. 권력을 가진 사람은 누구나 넓은 토지를 소유했으며, 많은 노비들에게 이 토지를 경작하게 했어요. 이렇게 운영되는 토지를 '농장'이라고 합니다. 이 농장은 매우 넓어 '산천을 경계로 하고 있다'거나 '고을을 꽉 채우고 있다'고 표현할 정도였지요. 물론 고려 역사를 정리한 조선 초기의 사람들이 과장한 것이지만, 당시 농장들이 매우 넓고 많았던 것은 분명합니다.

당시 지배층은 넓은 농장을 어떻게 만들었을까요? 아무리 재산이 많다 하더라도 넓은 농장을 사서 모은다는 것은 어려운 일입니다. 그보다 손쉽게 농장을 넓히는 길이 있었으니, 바로 '사패(賜牌)'를 얻는 방법입니다. 사패란 간단히 말해 토지 개간을 허락하는 문서입니다.

고려는 오랫동안 전쟁을 치른 탓에 많은 토지가 황폐했습니다. 경작되지 않는 토지가 많을수록 그만큼 재정은 부족해졌지요. 이에 정부는 능력 있는 사람들에게 개간을 권하면서 일정한 기간 동안 세금을 면제해 주었습니다. 지배층은 정부에서 사패를 받아 토지를 개간하여 넓은 농장을 만들 수 있었지요.

사패가 처음부터 문제를 일으킨 것은 아닙니다. 처음에는 개간을

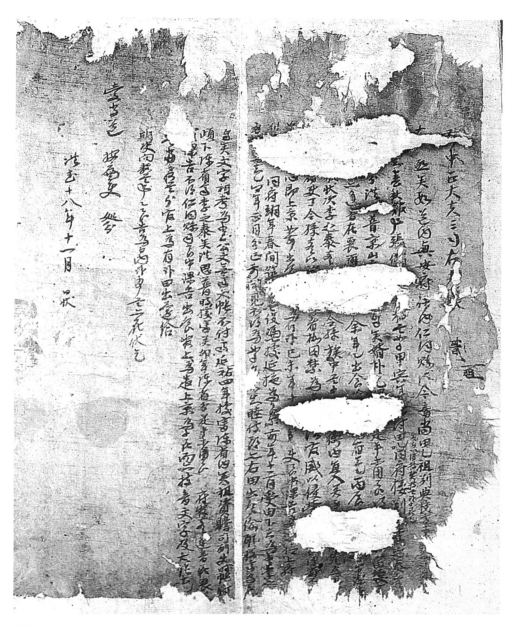

장전 소지 1385년(우왕 11), 장전이라는 사람이 대대로 물려받은 토지 수취 권리를 확인해 달라며 지방 관아에 올린 청원서이다. '장말손종손가소장고문서'라는 이름으로 다른 고문서와 함께 보물 1005호로 지정되었다.

확대하기 위해 필요한 구석도 없지 않았지요. 그러나 일종의 특혜였던 사패는 운영이 확대되면서 폐단을 낳기 시작합니다. 이미 개간되었거나 주인이 있는 토지에 또 사패를 발급받는 것이 그 예입니다. 이런 것을 '모수 사패'*라고 하는데, 물론 허위 신고를 통해 이루어지는 불법 행위였지요.

지배층은 권력을 이용해 사패를 받아 내고 원래 주인을 쫓아낸 뒤 토지를 차지했습니다. 이 때문에 토지를 둘러싼 소송이 끊이지 않았지요. 이런 토지들은 면세 기간이 지나도 여러 가지 방법을 통해 계속 세금을 내지 않는 게 보통이었어요. 비리가 가득하다 보니 사패를 주어 개간을 하게 해도 재정이 나아지지 않았지요.

넓은 농장을 경영하려면 노동력 또한 많이 들 텐데, 어떻게 노동력을 해결했을까요? 보통 노비를 이용하여 경작했지만, 많은 노비를 사들이는 것도 쉬운 일이 아닙니다. 이에 농장주들은 편법을 써서 노동력을 확보했는데, 편법이란 바로 투탁*과 압량위천*을 일컫습니다.

세금을 내지 않는 농장이 늘어나다 보니 농민이 경작하는 토지에 매기는 세금이 자꾸 많아졌습니다. 이를 감당하지 못하는 농민들은 토지를 팔아서라도 세금을 내야 했지요. 그 중에는 토지를 농장주에게 넘겨 주고 자신은 그 토지를 경작하는 노비가 되는 사람도 생겨났습니다. 왜 그랬을까요? 무거운 세금을 내느니 차라리 개인에 속한 노비가 되어 세금을 면제받는 편이 훨씬 나았기 때문입니다. 이렇게 제 발로 농장에 들어가는 행위를 '투탁'이라고 합니다.

그 밖에 빚진 농민을 강제로 노비로 만드는 경우도 있었는데, 이것

모수 사패(冒受賜牌)
원래 사패를 받을 수 없는 것을 편법을 쓰거나 불법적으로 받는 것을 말한다.

투탁(投托)
몸을 던져 의탁한다는 뜻으로, 자발적으로 농장에 들어가는 것을 말한다.

압량위천(壓良爲賤)
양인을 억압하여 천인을 만든다는 뜻으로, 농민을 강제로 농장의 노비로 만드는 것을 말한다.

을 '압량위천'이라고 합니다. 투탁으로 농장에 들어간 사람들도 나라 입장에서 볼 때에는 '압량위천'에 포함될 수 있겠지요? 정부에서는 농민들이 스스로 농장의 노비가 되는 현상을 인정하지 않을 테니까요.

농장이 늘어나고 양민이 농장의 노비로 들어가면서 재정은 계속 어려워졌습니다. 반면 쓸 곳은 점점 많아졌지요. 무엇보다 원나라에 보낼 예물이 필요했고, 국왕이 원나라를 오가는 데 드는 여비도 만만치 않았습니다. 재정이 턱없이 부족해지자 고위 관리들에게 필요한 경비를 분담시켰습니다. 이것을 '과렴'*이라고 합니다.

과렴을 내는 사람들은 대부분 농장 주인이었습니다. 정상적으로 세금을 거두지 못하고 일이 있을 때마다 돈을 거두어 쓰니 재정 운영이 제대로 될 리가 있겠어요? 돈을 거두려면 또 그들에게 특혜를 줄 수밖에 없으니 말입니다. 결국 이런 악순환 속에 나라 살림은 도무지 나아질 낌새가 보이지 않았습니다.

그러자 정부 한편에서는 문제를 더 이상 내버려 둘 수 없다고 판단하여 이를 바로잡으려는 노력이 나타납니다. 이것을 학계에서는 '개혁 정치'라고 부릅니다.

과렴(科斂)
등급에 따라 일정한 액수를 거둔다는 뜻이다. 여기에서 '과'는 등급을 말하는 것으로, 과전법의 '과'도 마찬가지이다.

개혁을 향한 노력과 좌절

원 간섭기의 정치 흐름

보는 시각에 따라 차이가 있겠지만, 대체로 원 간섭기는 충렬왕이 즉위한 1275년부터 공민왕이 즉위한 1352년까지를 말합니다. 이 시기 고려의 정치는 무척 복잡해서 일목요연하게 설명하기 쉽지 않습니다. 하지만 대체로 두 줄기로 잡아 볼 수 있습니다.

하나는 고려와 원나라의 특수한 관계에서 오는 많은 정치적 사건들입니다. 그 동안 두 차례의 일본 원정과 실패, 왕위를 둘러싼 대립, 고려를 원나라에 통합시키려는 모의 등 각종 사건이 줄지어 발생합니다. 이런 사건 가운데 여러분이 이해할 만한 것들을 뽑아 살펴보겠습니다.

다른 하나는 우리가 개혁 정치라고 부르는 것입니다. 농장이 확대되면서 노비 증가, 재정 감소, 소송 급증 등 많은 사회 문제가 발생하자, 국왕들은 저마다 개혁의 필요성을 느끼고 실천을 선언합니다. 원나라도 필요에 따라 개혁을 지원하기도 하고 때로는 방해하기도 하지요.

조금 어려울지도 모르겠지만, 이 두 줄기를 잡고 각 왕별로 차근차근 살펴보기 바랍니다. 그러면 '원 간섭기'라고 부르는 시기에는 어떤 특징이 있었는지 어느 정도 이해할 수 있을 것입니다.

원나라의 권력 속으로 – 충렬왕과 충선왕

25대 충렬왕은 원종의 큰아들입니다. 원나라 세조와 원종 사이에 혼인 약속이 이루어지자, 1271년(원종 12) 6월 원나라로 가서 세조의 딸 제국 공주와 결혼했지요. 1274년 원종이 죽자 고려로 돌아와 왕위에 오릅니다. 만 3년 동안 원나라에 머물렀는데, 그 동안 세조의 사위로서 황실의 일원이 되기 위한 훈련을 받았을 것입니다.

그 해 10월, 원나라 세조는 고려더러 원나라의 일본 정벌에 참여하라고 명령을 내립니다. 준비를 담당할 관청으로 고려에 정동행성

아! 그렇구나 정동행성

원나라 세조는 일본 정벌을 추진하면서 그에 필요한 갖가지 업무를 총괄하는 관청을 고려에 세웠는데, 그것이 정동행성이다. 정동행성(征東行省)은 동쪽, 곧 일본을 정벌하기 위한 관청이라는 뜻으로, 본디 명칭은 정동행중서성(征東行中書省)이다. 정동행성은 원정에 필요한 경비 조달과 군사 징발, 전함 제작 등의 업무를 담당했다.

두 차례의 원정이 모두 실패하고 세조가 세상을 떠나자 일본 원정은 무산되었지만, 정동행성은 그대로 남아 고려의 내정에 간섭하는 기구로 변질되었다. 고려 국왕이 정동행성의 최고 책임자인 승상을 겸임했지만, 실무를 담당하는 평장사는 원나라에서 파견했다.

〈몽고습래회사〉의 일부
두 차례에 걸친 고려·몽골 연합군의 일본 원정을 기록한 그림이다. 당시 고려 및 몽골 군의 복장과 무기 모습을 엿볼 수 있다. 일본 궁내청 소장.

신풍(神風)을 아시나요?
원나라의 일본 원정은 두 차례 모두 태풍으로 큰 피해를 입고 실패했다. 이에 일본에서는 신이 바람을 불게 하여 침략군을 물리쳤다고 생각하여, 이를 신풍(神風:가미카제)이라 했다. 이 명칭은 뒷날 태평양 전쟁 때 자폭 공격을 행한 일본 공군 특공대의 명칭으로 사용되었다.

을 설치하고, 지금의 경상 남도 마산과 창원 지역에서 군함을 만들고 군량을 수송하는 등 출정 준비를 갖추었지요. 마침내 몽골과 한족 군대 2만 5000명과 고려 군사 8000명, 그 밖에 사공과 길잡이 등을 포함한 인원 6700명 등 모두 4만 명에 이르는 원정군이 전함 900여 척을 타고 일본 정벌에 나섰습니다. 그러나 도중에 태풍을 만나 배가 침몰하는 바람에 많은 군사를 잃고 돌아와야 했지요. 당시 돌아오지 못한 인원이 1만 3500명에 이르렀다고 하니 그 피해가 엄청났음을 알 수 있습니다.

하지만 원나라 세조는 한 번 실패로 단념하지 않았습니다. 1281년(충렬왕 7), 김방경이 이끄는 원정군이 다시 일본 정벌에 나섭니다. 이번에는 3500척의 전함을 동원하고 수전에도 익숙한 남송 군대 10만을 동원하는 등 규모가 1차 원정보다 더 커졌습니다. 그러나 이번에도 태풍으로 많은 군사가 익사하는 피해를 입고 그냥 돌아옵니다. 그리

고 다시 원정을 시도하지 못해 일본 정벌은 실패로 끝납니다.

한편 충렬왕은 원나라의 간섭에 시달린데다가 왕비가 병으로 죽자 그만 정치 일선에서 물러나고자 합니다. 이에 1298년(충렬왕 24) 세자 가 왕위를 물려받는데, 그가 충선왕입니다. 충선왕은 충렬왕의 큰아 들은 아니었지만, 공주가 낳은 아들이었기 때문에 세자가 되었지요.

그러나 충선왕은 즉위한 지 채 1년도 되지 않아 왕위에서 밀려납 니다. 나라를 새롭게 꾸려 갈 생각으로 충렬왕의 측근 세력을 다수 숙청했는데, 이 일로 불만을 가진 무리가 많아졌지요. 게다가 부인 계국 공주와 사이가 나빠진 것이 결정적인 영향을 끼쳤습니다. 계국 공주는 원나라에 사신을 보내 고려 출신의 후궁이 자신을 저주한다 고 거짓을 알렸습니다. 원나라는 충선왕을 불러들여 국새를 빼앗고 다시 충렬왕을 왕위에 앉혔지요. 충렬왕은 1308년 세상을 떠날 때까 지 10년을 더 왕위에 있게 됩니다.

한편 원나라로 간 충선왕은 황실의 분쟁에 휘말립니다. 세조를 외할아버지로 둔 덕에 황실에서 서열이 매우 높고 발언권도 컸지요. 1305년(충렬왕 31) 원나라 성종이 죽고 황제 계승 싸움이 발생하자 그는 무종이 황제에 오르는 데 기여합니다. 그 공으로 랴오둥 지역을 관리하는 심양왕*에 임명되고, 충렬왕이 죽은 뒤에는 귀국하여 다시 고려 국왕에 오릅니다.

충선왕은 두 번째로 즉위해서 나라 기강을 잡고 권력층의 횡포를 금하는 개혁 조치를 발표합니다. 그런데 충선왕은 조서를 반포한 이튿날 원나라로 가서 그 곳에서 지냅니다. 수시로 사람을 보내 명령을 전달했지만, 국왕이 자리를 비운 상태에서 개혁이 제대로 실행되기는 어려웠지요. 개혁안 또한 근본적인 사회 문제를 해결하기에는 역부족이었고요. 따라서 큰 성과를 거두지는 못합니다.

사실 충선왕은 고려 국왕 자리보다는 원나라 황실의 한 사람으로 활동하는 쪽에 더 관심이 있었던 듯합니다. 고려에서는 충선왕이 돌아와 국왕으로서 제 역할을 해 주기를 바랐지만, 충선왕은 끝내 고려로 돌아오지 않았습니다.

심양왕(瀋陽王=심왕)
심양은 지금의 중국 랴오닝성 수도인 랴오양(요양)을 말한다. 이 지역에는 고려의 전쟁 포로나 몽골에 투항한 사람들, 그리고 고려에서 흘러 들어온 유민들이 많이 살았다. 이 지역을 관리하는 책임자가 바로 심양왕으로, 심왕이라고도 한다.
충선왕에게는 고려 국왕과 심양왕이라는 두 직책이 있었는데, 왕위에서 물러나면서 국왕 자리는 세자(충숙왕)에게 물려주고, 심양왕은 조카인 고(暠)에게 물려주었다. 이것은 뒷날 심양왕 고가 고려 국왕 자리를 노리는 불씨가 된다.

이제현의 그림으로 알려진 수렵도(위) 호복(胡服: 몽골 풍의 복장)을 입은 5명의 인물이 사냥하기 위해 말을 타고 겨울 강을 건너는 모습을 담았다. 국립 중앙 박물관 소장.
감지은니보살선계경 권8(왼쪽) 1280년(충렬왕 6)에 충렬왕이 발원하여 만든 사경이다. 동국 대학교 소장. 보물 740호.

충선왕은 왕위에 오르기 전 원나라 황제 계승 분쟁에도 개입했습니다. 그런데 그가 지원한 무종이 황제가 된 지 4년 만에 죽고 인종이 즉위하면서 입지가 크게 줄었지요. 결국 5년 만에 물러납니다.

그 뒤 정치 일선에서 물러난 충선왕은 집에 서재를 지어 '만권당'이라 이름짓고 각종 서적을 수집합니다. 이 곳에서 고려 학자 이제현이나 서예로 유명한 원나라 학자 조맹부 등과 함께 학문에 심취했지요. 만권당을 통해 고려 학

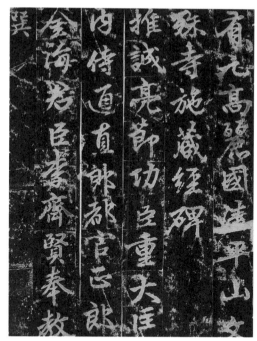

조맹부체의 대가 이암의 글씨 고려 말 재상 이암은 조맹부체(송설체)에 뛰어나다고 정평이 나 있었다. 이 글씨는 그의 대표작인 문수원 장경각비를 탁본한 것이다.

자들은 성리학을 접했고, 명필로 꼽히는 조맹부의 글씨인 송설체가 고려에 전래되어 조선 전기까지 유행합니다.

그러나 1320년(충숙왕 7), 충선왕은 모함을 받아 변방으로 귀양 가는 고난을 겪기도 합니다. 고려 신하들의 노력으로 3년 만에 풀려났으나 고려로 돌아오지 않고 원나라에서 생을 마칩니다.

왕권이 흔들리다 - 충숙왕과 충혜왕

충숙왕은 충선왕의 둘째 아들입니다. 원래 큰아들인 감이 세자로 책봉되었으나 원나라에 있을 때 충선왕에게 죽임을 당합니다. 기록이 없어 정확한 사정은 알 수 없지만, 원나라 황실의 분쟁 과정에서 세자의 정치적 행동이 충선왕과 어긋났기 때문이 아닐까 추정합니다. 조선 후기 영조가 사도 세자를 죽인 것과 같은 상황이라 여겨지네요.

충선왕을 이어 왕위에 오른 충숙왕은 즉위한 지 얼마 되지 않아 심양왕 고의 도전을 받게 됩니다. 충숙왕과 사촌 사이인 고는 충선왕의 총애를 받아 고려 안에도 따르는 무리가 많았지요. 그 가운데 일부는 고를 부추겨 국왕 자리를 노리게 합니다. 1321년(충숙왕 8)에 고는 충숙왕이 원나라 황제의 칙서를 찢어 버렸다고 거짓을 알렸고, 크게 노한 황제는 충숙왕을 원나라로 불러들여 국새를 빼앗습니다. 이 일로 충숙왕은 5년 동안이나 원나라에 억류되어야 했지요. 그 사이 심양왕에게 붙은 무리들은 원나라 정부에 글을 올려 고를 고려 국왕에 책봉하라고 청했습니다.

그러나 그들의 계획은 새 황제 태정제가 충숙왕을 고려로 돌려보내고 국새도 돌려주어 물거품이 됩니다. 하지만 충선왕이 심양왕 세력을 용서해 주도록 조치하는 바람에 충숙왕은 그들을 몰아낼 수는 없었지요. 1330년, 충숙왕은 세자(충혜왕)에게 왕위를 물려주고 원나라로 갑니다.

충혜왕은 세자로 책봉되어 원나라에 머물러 있다가 귀국하여 왕위에 올랐지요. 하지만 방탕 기질이 많아 잔치와 사냥에 몰두하다가 왕위에 오른 지 2년 만에 원나라에 불려 갑니다. 대신 충숙왕이 돌아와 다시 나랏일을 보았지요.

복위한 충숙왕은 마음을 다잡고 사회 폐단을 바로잡기 위한 개혁을 시도합니다. 그러나 역시 별다른 성과를 보지 못한 채 흐지부지되었지요. 실의에 빠진 충숙왕은 복위 7년 만에 세상을 떠나고 맙니다.

충숙왕이 죽은 뒤 충혜왕이 돌아와 다시 왕위에 올랐습니다. 1339년의 일입니다. 하지만 그의 방탕한 생활은 달라지지 않았어요. 보다 못한 충숙왕비 경화 공주가 원나라에 그의 비리를 알리고 맙니다. 충혜왕은 다시 원나라에 잡혀가는 신세가 되었지요. 그 곳에서 감옥에 갇혀 조사받던 중 그를 미워하던 바얀이 권력을 잃는 바람에 석방되어 고려로 돌아올 수 있었지요.

그러나 귀국한 뒤에도 여전히 생활이 고쳐지지 않자 이번에는 고려 신하들이 원나라에 알렸습니다. 1343년 충혜왕은 원나라로 또 한번 잡혀갑니다. 이번에는 변방으로 귀양을 갔다가 돌아오지 못한 채 그 곳에서 생을 마쳤습니다. 국왕으로서 해야 할 일을 돌보지 않아 결국 비참하게 죽고 만 것입니다.

어린 국왕이 즉위하다 - 충목왕과 충정왕

충목왕은 충혜왕의 아들로 어머니는 몽골 사람 덕녕 공주입니다. 어릴 때 원나라에 가 있다가 돌아와 충혜왕 뒤를 이었는데, 그 때 나이가 겨우 8세. 나랏일을 처리하기에는 너무 어렸기 때문에 덕녕 공주가 대신들의 도움을 받아 정치를 이끌었지요.

1347년(충목왕 3)에는 사회 개혁을 위해 정치도감(整治都監)이라는 관청이 설치됩니다. '바로잡아 다스린다'는 뜻을 가진 이 관청은 흥미롭게도 원나라가 고려 대신에게 지시하여 설치되었지요.

고려 사회가 혼란해진 근본 원인이 바로 원나라에 있는데, 원나라가 고려에게 개혁을 지시하다니, 어찌 된 일일까요? 그 이유는 간단합니다. 고려 사회가 혼란하면 지배도 어려워지기 때문이지요. 황금알을 낳는 거위를 잘 키워야 황금을 많이 얻을 수 있는 것과 같은 이치입니다. 충혜왕의 방탕한 정치로 사회 혼란이 심각해지자 원나라도 그대로 두면 안 되겠다고 판단한 것입니다. 그래서 충혜왕을 잡아간 뒤 어린 임금을 세우고 대신을 통해 개혁을 시행하도록 한 것이고요.

정치도감은 사회 모든 부문에 걸쳐 개혁을 위한 목표를 선포하고, 관원들을 지방 각지로 보내 여러 불법 행위를 조사했습니다. 특히 다른 사람의 토지나 노비를 불법으로 차지한 사람들을 잡아다 죄를 묻고, 사실이 확인되면 본디 주인에게 돌려주었지요. 이는 앞 시기의 개혁 정치가 구호에 그치고 만 것에 비하면 적지 않은 성과였고, 백성들도 전폭적인 지지를 보냈습니다.

하지만 정치도감의 개혁은 도중에 뜻하지 않은 암초에 부딪힙니다. 당시 기 황후의 친척으로 권세를 업고 횡포를 부리던 기삼만이라는 사람이 있었는데, 정치도감에 잡혀와 조사를 받다가 감옥에서 그만 죽고 만 것입니다. 기삼만의 부인이 이 사실을 정동행성에 고소하자, 정동행성은 이를 원나라에 보고한 뒤 정치도감의 관원들을 잡아다가 처벌했습니다. 이 사건으로 정치도감은 사실상 문을 닫았고, 그 동안 추진해 온 개혁도 흐지부지되었지요. 원나라는 고려를 안심하고 지배하기 위해서 지나친 불법 행위를 단속하려고 했지만, 그 개혁이 자신에게 거슬릴 때에는 가차없이 억압한 것입니다.

나이 어린 충목왕은 왕위에 오른 지 얼마 안 되어 죽고 충정왕이 즉위합니다. 그는 충목왕과는 어머니가 다른 형제로서, 역시 11세의 나이로 왕위에 올랐습니다. 몇몇 총애를 받는 신하들이 횡포를 부려 혼란은 가라앉지 않았지요.

고려 대신들은 정치를 제대로 할 수 있는 국왕으로 바꾸어 달라고 원나라에 요청했습니다. 그 결과 충정왕은 3년 만에 쫓겨나 강화도로 추방되었지요. 대신 왕위에 오른 인물이 공민왕으로, 이로부터 고려의 반원 개혁이 시작됩니다.

지금까지 쭉 읽어 오는 동안 느꼈겠지만, 당시 고려 국왕은 임금 노릇 하기가 여간 어렵지 않았습니다. 원나라 사신이 와서 국왕을 잡아가고, 때로는 강제로 왕위에서 끌어내렸습니다. 심한 경우에는 원나라 변방으로 귀양 가기도 했지요. 왕위가 온전히 이어진 경우가 한 번도 없다 해도 결코 지나치지 않습니다. 원나라는 고려 사회의 독자성을 인정해 주는 대신 국왕에 대해서만큼은 철저히 통제하고 간섭했습니다. 국왕은 고려를 지배하는 창구였으니까요.

원 간섭기 개혁 정치가 실패한 이유

원 간섭기에는 사회 문제를 해결하기 위해 여러 차례 개혁을 시도했지만 대부분 실패로 끝났다. 그 이유는 무엇일까? 이는 두 가지로 요약된다.

하나는 개혁 내용에 뚜렷한 한계가 있었다는 점이다. 당시 발표된 개혁 안은 정치·경제·사회 등 모든 분야에 걸쳐 문제점을 지적하고 그 개혁 방안을 제시했다. 하지만 내용을 따져 보면 엄하게 처벌하겠다고 목청만 높일 뿐 실제로 효과를 거둘 만한 정책을 제시하지 못했다.

한 예로 농장 문제를 보자. 농장이 확대되고 농민이 몰락하는 사정은 개혁안에서 늘 지적되는 내용이다. 그 원인은 권력층이 불법으로 사패를 받아 남의 땅을 빼앗아 차지하기 때문이다. 개간을 빌미로 세금 면제 혜택을 주는 사패는 불법으로 운영될 가능성이 많다. 따라서 단기간 쓸 수는 있어도 계속되어서는 안 되는 제도이다. 농장 문제를 해결하려면 사패라는 제도부터 개혁했어야 한다. 그러나 사패 제도는 그대로 둔 채 불법 행위만 단속하려 했기 때문에 문제가 끊임없이 발생했다. 병의 원인을 해결하지 않은 채 열이 난다고 무조건 해열제만 먹이는 것과 마찬가지 경우다.

다른 하나는 개혁을 주도할 세력이 없었다는 점이다. 사람은 누구나 자기 이익에 따라 움직이게 마련이다. 따라서 폐단을 해결하려면 그 폐단에 관계되지 않은 사람들이 힘을 모아 개혁을 추진해야 한다. 그런데 당시 개혁은 국왕이나 원나라의 지원을 받은 대신이 추진했다. 곧 개혁을 이끌어 가는 사람과 개혁해야 하는 대상이 같았으니, 누가 자신의 목에 칼을 들이대겠는가? 이런 사정으로 개혁을 외치는 목소리만 높았지 성과를 거두기란 어려웠다.

결국 원나라의 간섭을 받는 동안 쌓여 온 고려 사회의 폐단을 개혁하기 위해서는 본질적인 개혁안을 내세우는 새로운 세력이 필요했다. 이 세력은 공민왕 때부터 점차 모습을 드러낸다.

지금 우리 사회도 여기저기서 개혁을 외치는 목소리가 높다. 하지만 아직도 만족할 만한 성과를 거두고 있지 못하다. 많은 사람이 개혁을 원하고 있음에도 왜 개혁이 제대로 진행되지 않는 것인지 다시금 생각해 보아야 할 때이다. 이 점에서 원 간섭기의 '개혁 정치'는 우리에게 시사하는 바가 크다.

원 간섭기 고려 사회의 두 성격

원나라는 정복지에 행성(行省)이라는 관청을 두고 관원을 파견하여 다스렸다. 그것이 곤란한 경우에는 민정 감찰관을 뜻하는 다루가치(본디 도장을 찍는 사람을 의미하는데, 보통 민정을 감찰하는 관원으로 해석한다)라는 관원을 두어 감시하는 방식을 취했다. 독립은 허용하되 내정 간섭을 통해 영향권에서 벗어나지 못하게 하는 방식이다.

그런데 고려에는 행성을 두거나 다루가치를 파견하지 않았다. 정동행성이 있었으나 일본 원정을 위한 기구였고, 책임자인 승상도 고려 국왕이 겸임했다. 1차 전쟁 뒤 다루가치가 설치된 적이 있으나 곧 폐지되었다. 그렇다면 원나라는 어떻게 고려에 지배력을 행사할 수 있었을까?

답은 바로 고려 국왕에게 있다. 결혼을 통해 황실의 일원이 되게 함으로써 자연히 원나라에 복속하게 한 것이다. 고려 국왕은 고려라는 나라의 최고 통치권자인 동시에 고려를 지배하기 위한 원나라의 대리인이기도 했다.

지금 우리는 고려가 몽골에 흡수되지 않고 자주성을 지킨 것을 강조하곤 한다. 그렇다면 당시 사람들은 어떻게 생각했을까? 물론 고려가 독자적인 전통을 가진 나라라는 생각은 유지되었다. 하지만 그와 동시에 원나라라는 제국의 일부라는 의식도 공존했다.

국왕은 말할 것도 없고 관리들도 그것을 인정했다. 다만 원나라의 내정 간섭이 심해져 지배층의 권익을 침해한다고 여길 때, 그들은 '세조구제'를 내세우며 고려의 독자성을 부각시키고 기득권을 지키고자 했을 따름이다. 그렇지 않을 때는 당연히 몽골 제국의 일원임을 인정했다.

고려 말의 유명한 학자로서 이색의 아버지이기도 한 이곡은 이러한 인식을 잘 보여 주는 글을 남겼다. 정동행성에 파견 근무하던 관리가 원나라로 돌아갈 때, 그를 전송하며 지은 글이다. 이 관리는 처음 부임했을 때 이곡에게 이런 질문을 던졌다.

"원나라가 천하를 한 집안으로 만들었는데, 고려에만 중국의 법이 행해지지 않는 이유가 무엇인가?"

이곡이 대답한 내용을 요약하면 다음과 같다.

> 고려는 옛날 삼한의 땅으로 풍토와 언어가 중국과 다르며, 복장과 의례에서 독자적인 법을 이루어 예부터 신하를 삼지 못했다. 지금 원나라는 장인과 사위의 관계를 맺고 있으니 형법과 제도는 옛 것을 유지하게 하며 정사에 관여하지 않았다. (중략) 요즘에는 나라의 법이 점점 해이해지고 백성의 풍속이 천박해져 소송이 빈발하는데, 원나라의 법제를 집행하는 자는 온 천하가 황제의 다스림을 받아야 한다고 주장하고, 고려의 신하로 옛 법을 지키려는 자는 세조가 남기신 훈계가 고려의 토풍(土風)은 고치지 말라고 되어 있다고 하여 맞서니, 법을 실행하지 못하는 것은 이 때문이다.

이어 이곡은 이 관리가 고려에 근무하며 원나라의 권위를 잃지 않으면서도 고려의 옛 풍속을 동요시키지 않은 것을 칭송했다. 독자적인 전통을 지키면서도 원나라의 일원이라……. 고려는 이 두 체제가 묘하게 공존하는 가운데 줄타기를 하고 있었다고나 할까? 어느 한쪽으로 규정하기 곤란한 시기임에는 틀림없다.

공민왕, 반원 개혁을 추진하다

충정왕을 이어 왕위에 오른 공민왕은 충숙왕의 둘째 아들로 충혜왕의 동생이며, 부인은 몽골 사람 노국 공주입니다. 충혜왕이 폐위된 뒤 국왕 후보로 물망에 올랐으나, 충혜왕의 어린 아들에 밀려 연이어 즉위에 실패했습니다. 공민왕의 어머니가 고려 사람이라는 점이 발목을 잡은 것입니다. 충정왕이 폐위된 뒤에야 비로소 왕위에 오를 수 있었지요.

그 즈음 원나라는 세력이 점차 약해지면서 사회도 혼란한 모습을 드러내기 시작했습니다. 공민왕은 이 틈을 놓치지 않고 대대적인 반원 개혁을 단행했지요. 원나라에서 성장해서 원나라 공주와 결혼한 그가 반원 개혁을 단행한 이유는 무엇일까요?

원나라 지배에서 벗어나야 국왕으로서 자리를 잡을 수 있다고 생각했기 때문입니다. 공민왕은 왕위 계승에서 원나라의 개입으로 인해 어린 조카들에게 연이어 밀려났습니다. 고려 대신들의 적극적인 지원으로 국왕이 될 수 있었던 그는 원나라가 자신의 권력에 장애가 된다고 판단했습니다. 마침 원나라가 쇠약해지자 그 그늘에서 벗어나 한 나라의 국왕으로서 자리를 굳힐 기회라고 본 것이지요.

공민왕은 즉위 직후 몽골 식 복장과 변발을 금지한 데 이어 1356년(공민왕 5)부터 본격적인 개혁을 시작합니다. 고려 내정에 간섭하는 창구였던 정동행성을 폐지하고 원나라 연호 사용을 금지했습니다. 원나라가 차지하고 있던 쌍성총관부(118쪽 참고)도 무력으로 되찾았고요. 또 변경된 관제를 모두 문종 때의 3성 6부 제도로 복구했으며, 기 황후의 오빠라는 이유로 권세를 부리던 기철을 비롯한 부원 세력을 숙청했습니다.

이러한 공민왕의 개혁은 당연히 원나라의 반발을 불러왔지요. 고려 내부에서도 이미 누리고 있던 권리를 빼앗길까 걱정하는 세력이 있었고요. 이들은 공민왕의 정책에 반대하는 반란을 일으킵니다. 다행히 실패로 끝났으나 공민왕의 앞길에는 어두운 그림자가 드리워졌습니다. 여기에 홍건적과 왜구 등 나라 밖 문제가 겹치면서 공민왕은 험난한 파도를 헤쳐 나가야 했습니다.

이어지는 내우외환, 흔들리는 개혁

공민왕의 시련은 외적의 침입으로 점점 더해 갑니다. 14세기 중반부터 왜구가 해안에 나타나 노략질을 일삼았는데, 공민왕 때에 들어 더욱 기승을 부렸습니다. 해안가에 있는 고을들이 큰 피해를 입으면서 민심이 흉흉해졌고, 세금으로 거둔 곡식 운반이 어려워져 나라 살림도 어려워졌지요. 왜구의 침입은 공민왕의 아들인 우왕 때 이르러 어느 때보다도 심해지는데, 이에 대해서는 뒤에서 살펴보기로 하지요.

홍건적의 침입 또한 공민왕에게는 큰 어려움이었습니다. 홍건적은 본디 원나라에 대항하여 반란을 일으킨 한족 백련교* 무리를 말합니다. 머리에 붉은 수건을 동여매서 홍건적이란 이름이 붙었지요. 1351년 황허가 범람하자 원나라는 많은 사람을 동원하여 보수했는

백련교(白蓮敎)
백련(흰 연꽃)은 혼란한 말세가 되면 이 땅에 내려와 중생을 구원한다고 예정된 미륵불의 상징이며, 백련교는 미륵의 구원을 염원하는 신앙에 바탕을 둔 종교 단체이다. 대개 현 정부를 부정하고 이에 대항하는 성향을 띠는 탓에 정부의 탄압을 받는 경우가 많다. 이민족의 지배를 받을 때 특히 교세가 확장되곤 했는데, 뒷날 청나라 지배 아래에서도 큰 규모의 반란을 일으킨다.

데, 이 일로 민심이 크게 흔들리는 틈을 타 백련교도들이 반란을 일으킵니다.

홍건적은 두 차례에 걸쳐 고려를 침입했습니다. 원나라의 토벌이 거세지면서 만주 쪽에 있던 홍건적 무리가 1359년(공민왕 8) 고려 영토로 밀려 들어왔습니다. 이들은 한때 서경까지 함락했으나 이방실, 안우 등이 이끄는 고려군의 반격으로 크게 무너져, 일부만 압록강을 건너 도망갔습니다. 이것이 홍건적의 1차 침입이지요.

홍건적은 1361년 다시 고려를 침공합니다. 이번에는 고려의 방어선을 뚫고 개경까지 내려오는 바람에 공민왕은 서둘러 안동으로 피난했습니다. 개경에 들어온 홍건적은 약탈과 방화, 살육을 일삼다가, 이듬해 정월 정세운을 지휘관으로 하는 고려군의 총반격에 밀려 도망갔습니다. 이것이 2차 침입이지요. 이 때 이성계는 적의 지휘관을 베는 등 큰 전과를 올려 명성을 얻습니다.

거듭된 홍건적의 침입을 물리치기는 했으나 공민왕은 적지 않은 타격을 입었습니다. 국왕이 도성을 떠나면 국정을 장악하는 힘이 떨어지게 마련이니, 공민왕이 추진하던 개혁에 제동이 걸리지 않을 수 없었지요.

수습 과정에서도 파장이 이어집니다. 당시 정계의 실세였던 김용은 거짓으로 왕명을 꾸며 이방실, 안우, 김득배 등으로 하여금 권력의 경쟁자였던 정세운을 처형하도록 했습니다. 지휘관을 없애라는 뜻하지 않은 왕명을 전달받은 이방실 등은 계략인 줄 모르고 고민 끝에 정세운을 처형했지요. 그러나 뒤이어 이들에게 함부로 지휘관을 죽였다는 죄목이 씌워졌고, 결국 모두 억울한 죽음을 맞게 됩니

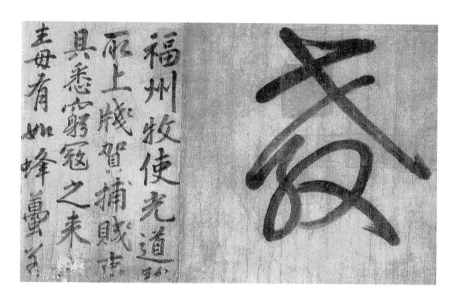

다. 외적을 물리치는 데 온 힘을 쏟아 공을 세운 장수들이 정치 모략으로 희생된 안타까운 사건이지요.

김용은 여기서 멈추지 않고 공민왕까지 노렸습니다. 피난을 마치고 개경으로 돌아오던 공민왕 일행이 흥왕사에 머무를 때 군사를 일으켜 왕을 시해하려고 한 것입니다. 그러나 왕을 닮은 측근이 대신 화를 입는 바람에 공민왕은 목숨을 건졌지요. 계획이 실패하자 김용은 서둘러 음모를 숨기려 했으나 결국 발각되어 제거됩니다. 난은 수습했으나 정계는 어수선해지고 개혁은 뒷전으로 밀려나고 맙니다.

엎친 데 덮친 격으로 원나라의 압력도 더욱 거세집니다. 공민왕의 정책이 거슬렸던 원나라는 마침내 왕의 폐위를 알립니다. 대신 원나라에 와 있던 덕흥군(충숙왕의 동생)을 왕으로 임명하고 군대를 주어 고려를 침공하게 했지요. 1364년(공민왕 13)의 일입니다. 그러나 최영, 이성계가 활약하여 이들을 물리친 덕분에 공민왕은 왕위를 유지

列傳卷第四十五　高麗史一百三十二
正憲大夫工曹判書集賢殿大提學知經筵春秋館事兼成均大司成臣鄭麟趾奉　修
叛逆六
辛旽
辛旽靈山人母桂城縣玉川寺婢也幼爲僧
名遍照字耀空以母賤不見齒於其類常處
山房恭愍王夢人拔劒刺己有僧救之得免
明日以告太后會金元命以旽見其貌惟肖
高麗史卷百三十二　一
王大異之與語聰慧辨給自謂得道詭爲大
言輒中旨王素信佛又惑夢由是屢密召入
內與之談空旽目不知書常遊京都勸緣誑
誘諸寡婦售其奸淫自見王務矯飾枯槁其
形雖盛夏隆冬常衣一破衲王益重之凡饋
衣服飮食必潔淨至於足襪必頂戴致敬饋
之李承慶見之曰亂國家者必此髡也鄭世
雲以爲妖僧欲殺之王密令避之承慶世雲
死髮而爲頭陀復來謁王始入內用事賜號
列傳　卷第四十五　叛逆　六

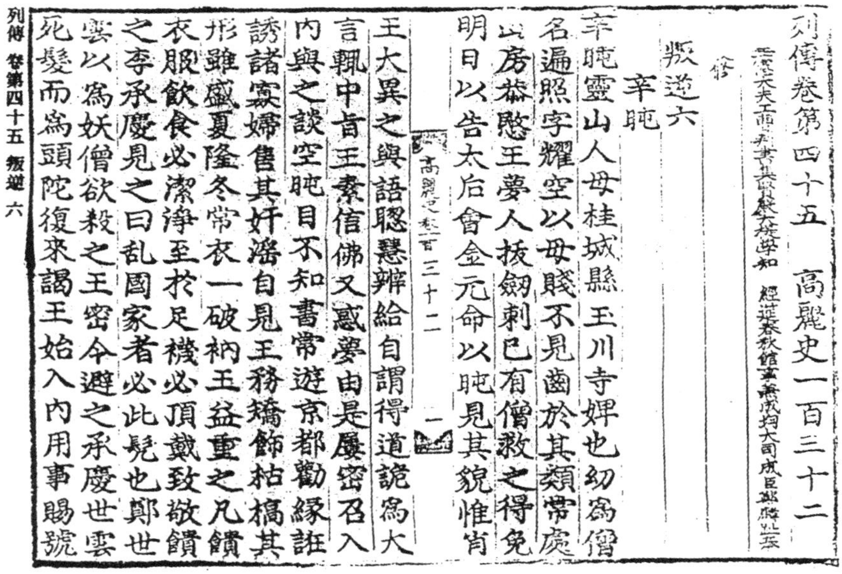

《고려사》의 신돈 열전 부분
신돈을 역적으로여겨 〈반역전〉에 실었다. 사진은 신돈의 출신과 등용 전의 활동 및 평가 등을 적은 부분이다.

할 수 있었지요.

이러한 상황에서 부인 노국 공주의 죽음은 공민왕에게 결정적인 타격을 입힙니다. 노국 공주는 원나라의 압력을 그나마 줄일 수 있는 방패막이였지요. 공주가 죽음으로써 그마저 없어지니, 개혁은 더욱 가시밭길이 될 수밖에 없었습니다.

내우외환이 이어지며 개혁도 힘을 잃자 공민왕은 새로운 돌파구를 찾습니다. 바로 신돈을 등용한 것입니다.

신돈의 개혁, 공민왕의 죽음

1365년(공민왕 14), 공민왕은 신돈이라는 인물을 등용하면서 다시 개혁의 불씨를 당깁니다. 신돈은 승려 출신으로 세속에 구애받지 않는

다는 명성을 얻고 있어 공민왕의 눈에 띄었습니다. 개혁을 이끌 마땅한 인물이 없어 고민하던 공민왕은 신돈을 신임하며 그에게 개혁의 지휘봉을 맡깁니다.

개혁의 모든 권리를 위임받은 신돈은 초기에는 많은 성과를 거둡

공민왕의 신임 아래 개혁을 지휘하던 신돈

공민왕릉
부인 노국 공주의 능과 나란히 자리하고 있다. 공민왕은 노국 공주가 죽은 뒤 자신이 직접 나서서 능을 대대적으로 꾸몄다. 북한 국보급 유적 39호.

니다. 전민변정도감이라는 관청을 두고 권력층이 불법으로 빼앗은 토지와 노비를 찾아내어 본디 주인에게 돌려주었지요. 많은 사람들이 개혁을 환영했고 신돈의 명망 또한 높아졌습니다.

그러나 신돈은 권력층의 거센 반발을 사는 한편 자신의 명성에 점차 도취되어 갑니다. 세력을 끌어 모으고 농장을 경영하는 등 권력층을 닮아 갔지요. 이 때문에 공민왕의 신임을 잃게 된 신돈은 마침내 역모에 몰려 1371년에 처형됩니다.

신돈을 숙청한 뒤 공민왕이 다시 정치 일선에 나섰으나 사정은 여의치 않았습니다. 원나라가 약해지기는 했지만 아직 고려에 미치는

영향력은 만만치 않았지요. 일부 세력은 여전히 원나라를 등에 업고
개혁의 발목을 잡았습니다. 좌절한 공민왕이 술과 향락에 빠져 지내
는 사이, 이번에는 왕을 옆에서 모시던 측근들이 권력을 휘두르며
말썽을 일으켰습니다. 공민왕의 질책에 처벌을 두려워한 몇몇 측근
들이 도리어 왕을 시해하고 맙니다.

공민왕의 죽음과 함께 반원 개혁도 중단되었으나 그의 노력이 헛
되지는 않았습니다. 뒤에 새로운 세력이 성장하여 그의 개혁을 밑거
름으로 전면적인 개혁을 추진해 나갑니다.

아! 그렇구나 전민변정도감

'전민(田民)'은 토지와 노비를 말하고, '변정(辨整)'은 가려서 바로잡는다는 뜻이다.
'도감(都監)'은 어떤 일이 있을 때 그것을 처리하기 위해 임시로 설치하는 관청을
말한다. 결국 전민변정도감은 불법으로 차지한 토지와 노비를 조사하여 원래 주
인에게 돌려주는 업무를 일정 기간 수행하는 관청을 나타내는 것이다.

전민변정도감은 토지와 노비 문제가 자주 불거져 나온 고려 후기에 여러 차례
설치되었다. 《고려사》 백관지에 따르면, 몽골과의 전쟁이 끝나 가던 1269년(원종
10)에 처음 설치되었고, 이후 1288년(충렬왕 14), 1301년(충렬왕 27), 1351년(공민
왕 1), 1381년(우왕 7), 1388년(우왕 14)에 각각 설치 운영되었다.

이 밖에 신돈이 집권했던 1366년(공민왕 15)에도 전민변정도감(田民辨整都監)이
설치되었는데, 이름 중 일부 한자가 다르지만 뜻은 같다.

신돈, 반역자인가 개혁가인가?

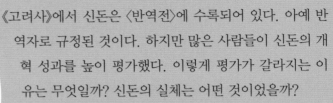

《고려사》에서 신돈은 〈반역전〉에 수록되어 있다. 아예 반역자로 규정된 것이다. 하지만 많은 사람들이 신돈의 개혁 성과를 높이 평가했다. 이렇게 평가가 갈라지는 이유는 무엇일까? 신돈의 실체는 어떤 것이었을까?

먼저 신돈에 대한 기록부터 살펴보자. 신돈 열전의 내용에는 신돈을 깎아내리려는 의도가 분명히 드러난다. 그의 성과를 말할 때에는 불순한 의도라고 덧붙이고, 반대로 그에 대한 비판과 여러 좋지 못한 소문은 자세히 소개했다. 신돈 개혁의 핵심인 전민변정도감의 활동에 대해서도 온 나라의 환영을 받았다고 적으면서도, 사람들의 환심을 사려고 시비도 가리지 않고 소송을 모두 들어 주어 부작용을 낳았다고 덧붙였다. 그의 성과를 부작용 속에 묻어 버리려 한 것이다.

신돈을 이와 같이 깎아내린 이유는 무엇일까? 그것은 신돈이 조선 건국의 명분과 직결되어 있기 때문이다. 위화도 회군으로 집권한 급진파 사대부들은 우왕과 창왕을 폐위하고 공양왕을 내세워 개혁을 추진하면서 분위기를 왕조 교체로 몰고 갔다. 이 때 우왕과 창왕을 폐위한 명분은 이들이 공민왕의 자식이 아니라 신돈의 자식이라는 것이었다(146쪽 '신우 신창론' 참고). 결국 신돈은 자기 자식을 이용하여 왕위를 도둑질한 역적이며, 그에 의해 고려 왕조가 단절되었다는 것이다. 따라서 그를 최대한 부정적으로 묘사해야 우왕 · 창왕의 폐위와 그 연장에서 이루어진 조선 건국을 정당화할 수 있었다.

이처럼 기록이 의도적으로 왜곡되었다면, 그의 개혁은 어떻게 평가해야 할까? 신흥 사대부들의 개혁은 내용상 신돈의 개혁을 연장한 것이었고, 그것은 그들 자신도 인정했다. 신돈의 개혁을 부정한다면 그것을 계승한 자신들의 개혁도 부정될 수 있었다. 그래서 신돈의 개혁 성과가 기록에서 지워지지 않은 것이다.

그렇다면 그의 개혁이 끝내 실패하고 그가 죽음에 이르게 된 이유는 무엇일까? 그것은 권문세족의 반발을 누르고 개혁을 지속시켜 나가기에는 기반이 너무 취약했기 때문이다. 국왕의 전폭적인 지지만으로는 한계가 있었던 것이다. 이 때문에 그는 지지 세력을 키우고자 했고, 그것은 곧 자신이 권문세족으로 변질되는 것을 의미했다. 그만큼 개혁의 신선도가 떨어질 수밖에 없었다. 기록에 보이는 비난은 바로 이 과정에서 나타난 부작용을 부풀린 결과이다.

더욱 결정적인 것은 공민왕의 선택이었다. 공민왕은 신돈을 내세워 권문세족의 벽을 돌파하고자 한 것이지, 아예 정치에서 손을 뗀 것이 아니었다. 공민왕은 신돈 세력이 지나치게 커져 왕권을 위협하거나 혹은 등용 목적에서 벗어날 때 얼마든지 그를 버릴 수 있었다. 그리고 그것은 현실로 나타났다.

조선 건국의 주도자들은 신돈의 개혁 성과를 인정하고 계승하면서도 신돈에게 타락과 역적의 굴레를 씌움으로써 그것을 모두 자신의 성과로 만들고 역성 혁명의 명분을 보강했다. 이 점에서 그를 반역자 혹은 요사스러운 승려일 뿐이라고 깎아내린다면 억울하리라.

하지만 한 시대를 이끈 위대한 개혁가로 치켜 주기에도 한계 또한 분명한 존재였다. 다만 그의 개혁이 신흥 사대부의 개혁에 토대가 되었고, 이것이 새로운 왕조 수립으로 이어졌다는 역사적 의미는 분명히 짚고 가야 할 것이다.

아! 그렇구나 쌍성총관부, 동녕부, 탐라총관부

고려는 원나라와 전쟁을 벌이는 과정에서 일부 영토를 잃는다. 먼저 1258년(고종 45) 11월 몽골 군이 동여진을 공격하다가 지금의 함흥 지방에 이르렀을 때, 이 지역 주민인 조휘·탁청 등이 반란을 일으켰다. 이들은 고려 관리를 죽이고 철령 이북 땅을 장악한 뒤 원나라에 투항했다. 몽골은 이 곳에 쌍성총관부를 두고 그들을 관리로 임명하여 다스리도록 했다.

1269년(원종 10)에는 서경에서 최탄 등이 반란을 일으켰다. 이들도 서북면 일대를 장악한 뒤 원나라에 투항했다. 원나라 세조는 이듬해 자비령을 경계로 이북 지역을 모두 원나라 영토로 삼고 서경에 동녕부를 두어 다스리도록 했다.

1273년(원종 14), 제주에 들어가 저항하던 삼별초를 진압한 원나라는 이 곳을 직접 관리하다가 탐라총관부를 설치했다. 이 때부터 제주도는 원나라에 보낼 말을 키우는 목마장이 되었다.

영토 상실은 나라의 멸망으로 이어질 수 있다. 그래서 고려는 잃은 땅을 돌려받기 위해 적극 노력했다. 거듭된 고려의 반환 요구를 받아들인 원나라는 1290년 동녕부를 랴오둥으로 옮기고 자비령 이북 영토를 고려에 돌려주었다. 1300년에는 탐라총관부를 폐지하여 제주도가 다시 고려 영토가 되었다. 그러나 쌍성총관부만은 계속 원나라 영토로 남아 있다가 1356년 공민왕이 무력으로 되찾았다.

그렇다면 원나라는 왜 쌍성총관부만 돌려주지 않았을까? 이 문제는 먼저 지정학적 관점에서 이해할 수 있다. 두 나라의 교통로에 위치한 동녕부나 외딴 섬인 탐라에 비해 쌍성총관부는 전략적 가치가 높았다. 쌍성총관부 이북 지역은 이전부터 중국의 영향이 잘 미치지 않던 곳이다. 원나라는 이 곳에 관리를 두고 다스림으로써 고려를 견제함은 물론 동북방에 있

는 여진족(조선 초기에는 야인이라 부름)을 통제하는 효과도 함께 거둘 수 있었다. 공민왕은 이러한 전략적 가치를 바탕으로 쌍성총관부를 수복한 뒤 여세를 몰아 함경도 내륙 지방으로 영토를 개척해 나갔다.

한편 이 문제를 '세조 구제'와 연관지어서 해석하기도 한다. 곧 쌍성총관부 지역은 세조가 '불개토풍'을 약속하기 전에 원나라의 영토로 들어갔기 때문에 돌려주지 않았으며, 다른 두 곳은 원종이 즉위한 뒤의 일이어서 고려의 반환 요구를 들어줄 수밖에 없었다는 것이다. 이는 세조 구제가 고려 사회에 큰 영향을 미쳤음을 잘 보여 주는 또 하나의 사례라 할 수 있다.

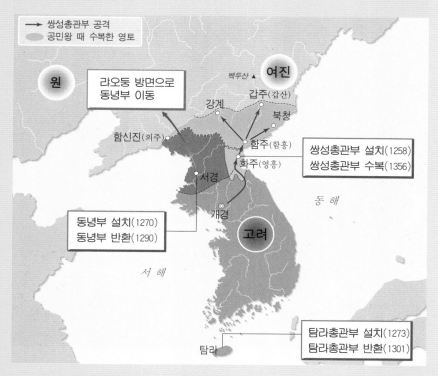

고려 후기 영토 수복과 개척

공민왕은 그림에 남다른 재주가 있었다고 합니다. 조선 초기 학자인 성현은 《용재총화》에서 공민왕의 그림을 두고 품격이 높다고 평가했습니다. 부인 노국 공주의 초상화와 흥덕사에 있는 〈석가출산상〉을 그의 작품으로 소개했지만 아쉽게도 전하지 않습니다.

현재 공민왕의 작품으로 알려진 대표적인 그림은 〈천산대렵도〉입니

천산대렵도 공민왕의 그림으로 알려진 대표적인 작품으로 원나라 화풍의 영향이 보인다. 국립 중앙 박물관 소장.

다. '수렵도'라고도 하는 이 그림은 섬세하면서도 생동감 있는 묘사가 탁월하다고 평가받습니다. 서울 종묘 안 공민왕 신당에 걸린 〈준마도〉 역시 공민왕이 그렸다는 이야기가 전합니다.

 그는 원로 신하들의 초상화도 그려 주었습니다. 서예의 대가로 알려진 이암의 초상화가 조선 초기 그의 가문에 소장되어 있었다고 합니다만 지

염제신 초상 공민왕이 그린 것으로 전한다. 염제신은 고려 말 재상으로 원나라와의 외교에 많은 공헌을 했다. 국립 중앙 박물관 보관. 보물 1097호.

금은 전하지 않습니다. 다만 보물 1097호로 지정된 염제신의 초상화가 공민왕이 그린 것으로 전합니다.

공민왕은 글씨에도 조예가 깊었는데, 성현은 그의 능숙하고 힘찬 기상을 보통 사람은 따를 수 없다고 평했습니다. 안동 '영호루(映湖樓)' 현판과 강릉 '임영관(臨瀛館)' 현판이 공민왕이 쓴 글씨라는 이야기가 전합니다.

동아시아의 격변기에 고려의 국왕으로서 파란만장한 삶을 살았던 공민왕. 그는 남다른 정치적 역량을 발휘한 한편, 섬세한 예술적 감수성을 갖춘 인물로 평가할 수 있을 듯합니다.

안동 영호루 현판 공민왕의 친필로 전한다. 안동에 있는 영호루는 영남 지방 3대 누각의 하나로 꼽힌다.

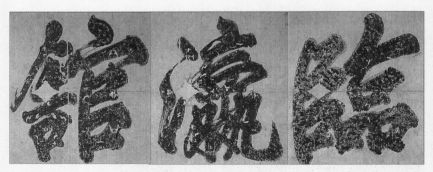

강릉 임영관 현판 공민왕의 친필로 전한다. 현재 임영관은 터만 남아 있고(사적 388호), 현판은 그 출입문인 객사문(국보 51호)에 걸려 있다.

3

500년 왕업은 가을 바람에 시들고

고려 왕조의 몰락

흔들리는 왕조

중심을 잃은 왕실

공민왕이 갑자기 죽임을 당하자 정국은 큰 혼란에 빠졌습니다. 왕위를 이을 후계자 문제를 놓고 의견이 엇갈린 것입니다. 대신*들 사이에서 아들 우의 출생에 문제가 있으니, 종실(임금의 친족) 가운데 적합한 인물을 세워야 한다는 의견이 나왔습니다.

그러나 재상 이인임의 후원에 힘입어 우는 10세의 어린 나이로 왕위에 오를 수 있었습니다. 처음에는 공민왕의 어머니 명덕 태후가 대신들의 도움을 받아 나랏일을 보살펴 큰 문제는 생기지 않았습니

대신(大臣)
정치를 이끄는 고위직의 신하를 가리킨다.

다. 그러나 태후가 세상을 떠난 뒤 우왕은 점차 사냥과 향락에 빠져들었고, 그럴수록 이인임의 권세는 날로 커졌지요.

우왕이 나랏일을 돌보지 않는 사이, 이인임은 염흥방·임견미 등 자신을 따르는 무리들과 나랏일을 좌지우지하며 거대한 농장을 차지했습니다. 그러던 가운데 염흥방이 다른 사람의 토지를 빼앗은 뒤 항의하는 주인을 감옥에 가두고 고문한 사건이 일어났습니다. 전형적인 권력형 비리를 저지른 것이지요. 횡포를 보다 못한 장군 최영은 직접 우왕을 만나 허락을 얻은 뒤 이인임 일파를 모두 숙청합니다. 그 권력은 고스란히 최영의 손에 들어갔지요.

그래도 우왕은 방탕한 생활을 청산하지 못했습니다. 최영의 딸을 후궁으로 맞아들여 확실한 후견인으로 삼고, 그 우산 밑에서 전과 다름없는 생활을 누리려 했지요.

왕조 국가에서 국왕이 제 구실을 못할 때 그 앞날은 어떻게 될까요? 누구도 장담할 수 없는 안개 속으로 빠져들게 마련이지요. 어디선가 왕위를 넘보는 세력이 나타날 테니까요. 고려 안에서도 새로운 왕조 건설을 꿈꾸는 세력이 등장합니다.

국제 정세 변화와 고려의 선택

공민왕 후반부터 국제 정세는 시시각각 빠르게 변합니다. 원나라에 맞서 일어난 군웅*들 사이에 팽팽한 힘 겨루기가 전개된 끝에, 주원장이 다른 세력들을 제압하고 1368년(공민왕 17) 명나라를 세웁니다. 명나라는 원나라마저 북쪽으로 밀어내고 중원을 손에 넣은 뒤 고려

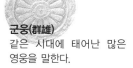

군웅(群雄)
같은 시대에 태어난 많은 영웅을 말한다.

쪽으로도 세력을 뻗치기 시작하지요. 중국의 변화를 지켜보던 공민왕은 1370년부터 명나라 연호를 받아들이면서 친명 정책을 내세웁니다. 그러나 안정된 관계는 아니어서 언제든지 상황이 달라질 수 있었지요.

1371년 마침내 랴오둥 지방까지 진출한 명나라는, 고려가 랴오둥 지방에 남아 있는 세력과 손잡고 자신의 진출을 방해할지도 모른다는 의혹을 갖습니다. 고려에 대한 태도도 강압적인 분위기로 바뀌었지요. 그럴수록 고려에서는 명나라를 못마땅하게 생각하는 분위기가 무르익었습니다.

우왕이 즉위한 뒤 이인임을 포함한 집권 세력은 북원을 끌어들여 명나라를 견제하고자 했습니다. 이로 인해 공민왕의 정책을 이어받아 친명 노선을 걷던 신흥 사대부들과 마찰을 빚게 됩니다. 명나라의 강압적인 태도에도 불구하고 신흥 사대부들은 명나라와 원만한 관계 유지가 필요하다고 본 것이지요. 1375년(우왕 1), 북원의 사신이 명나라 협공을 의논하기 위해 고려에 왔습니다. 한편에서는 영접해서는 안 된다고 주장했지만 이인임은 듣지 않았지요. 당시 사신 접대를 맡은 정도전은 임무를 거부하고 사신의 목을 베겠다고 버티다가 나주로 귀양 가기도 했습니다.

이 사건은 당시 급변하는 국제 정세 속에서 고려의 선택을 놓고 정계 내부에 서로 다른 길이 생기고 있었음을 보여 줍니다. 이것은 단지 외교 정책의 충돌에 그치지 않았지요. 뒷날 이성계의 위화도 회군*과 조선 왕조로 이어집니다.

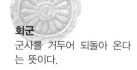

회군
군사를 거두어 되돌아 온다는 뜻이다.

아! 그렇구나 원·명 교체기의 국제 정세

고려에서 조선으로 왕조 교체가 진행되던 시기에 중국에서도 같은 변화가 있었다. 우리 역사는 늘 중국과 뗄 수 없는 관계에 있었으니, 고려 말 국내 정세를 이해하려면 중국에 어떤 변화가 있었는지도 알아야 할 것이다.

세계 제국 원나라도 시간이 흐르면서 차츰 몰락하기 시작했다. 1351년 황허(황하)의 대범람에서 비롯된 홍건적의 반란은 전국을 전란의 소용돌이로 몰아넣었다. 그 뒤 각지에서 큰 세력들이 등장하여 새로운 왕조의 주인이 되기 위한 다툼을 벌였다.

가장 먼저 두각을 나타낸 인물은 장사성이다. 본디 소금 중개인이었던 그는, 1353년 염전에서 발생한 폭동을 계기로 세력을 모아 힘을 키운 다음 고려에도 사신과 예물을 보냈다. 원나라와 대항하는 처지인지라 고려와 우호적인 관계를 맺어 두고자 한 것이다. 반원 개혁을 추진하던 고려에서도 이를 적극 받아들였다. 그는 1358년(공민왕 7)에 처음 사신을 보낸 뒤 1365년까지 열 차례 넘게 사신을 보냈고, 고려에서도 1360년과 1364년 두 차례에 걸쳐 답례 사신을 보냈다.

한편 주원장은 홍건적 무리에 있다가 자립하여 세력을 키운 사람이다. 그는 각지의 군웅들을 차례로 굴복시키고 1367년 가장 큰

경쟁자 장사성마저 꺾은 뒤 이듬해 나
라를 세웠다. 국호는 '명(明)'이라 하고
연호는 '홍무(洪武)'라 하니 그가 바로
명나라 태조이다. 주원장은 여세를 몰
아 원나라에 총공세를 펼쳐 수도를 함
락했다. 원나라는 북쪽으로 옮겨 나라
를 이어 가는데, 이를 북원이라 한다.

명나라를 세운 주원장

북원은 한동안 세력을 유지하다가 15세기 중반에 쇠퇴한다.

　명나라가 중국을 장악하자 고려도 서둘러 명나라와 교섭을 시작
했고, 1370년에는 명나라 연호를 받아들였다. 하지만 원나라에 사
대해 왔고, 주원장보다는 장사성과 가깝게 지냈던 탓에 명나라는
고려를 크게 신뢰하지 않았다. 더구나 고려는 우왕 초에 북원이 연
호를 받아들이며 명나라와 대리ㅈ하는 모습을 보이기도 했다. 이
때문에 명나라는 고려가 북원 세력과 손잡고 자신을 위협할 수 있
다는 의혹을 품었고, 두 나라의 교섭 또한 진통을 겪어야 했다. 그
러한 긴장 속에 명나라의 철령위 설치 통보, 그에 반발한 고려의
랴오둥 정벌 시도, 그리고 위화도 회군 등 일련의 사건이 이어지게
된다.

왜구가 들끓다

왜구는 14세기 후반부터 16세기까지 우리 나라 해안 고을을 노략질하던 일본 해적 무리를 일컫는 말입니다. 삼국 시대부터 기록에 나타나지만, 고려 후기에는 그 규모도 커지고 오랫동안 아주 큰 피해를 입혔지요. 왜 이 시기에 왜구 침입이 이토록 잦았을까요?

당시의 일본으로 잠시 가 볼까요? 일본은 14세기 중반부터 두 개의 왕조로 나뉘어 싸우는, 이른바 '남북조 시대'로 접어들었습니다. 전란이 거듭되면서 내정이 불안해지고 백성들의 생활도 어려워졌지요. 그러자 일부 무리들이 해적으로 나서서 우리 나라와 중국 해안 등지에서 식량을 빼앗고 사람들을 잡아갔습니다.

이 왜구들은 소수의 무리가 가끔 노략질하는 수준이 아니라, 상당한 규모와 장비를 갖춘 일종의 군대였지요. 원 간섭기가 시작될 즈음 고려 해안에 나타나다가 공민왕 때에 와서는 노략질이 훨씬 심해졌습니다. 배를 공격해서 물자를 약탈하는 데 그치지 않고 아예 해안에 상륙해서 민가와 관아를 덮쳤습니다. 해안을 낀 고을은 쑥대밭이 되었고, 아예 고을을 내륙으로 옮겨야 하는 경우도 있었지요. 그 피해가 평안도와 함경도 일대까지 미쳤으니, 당시 왜구의 극성이 어느 정도였는지 눈에 보이는 듯합니다.

이 정도면 나라의 존립을 위협하는 침략에 버금가는 상황이라 해야겠지요. 그러니 정부도 왜구를 없애기 위해 각별한 노력을 기울여야 했습니다.

고려는 먼저 무력 소탕에 힘썼습니다. 수군을 육성하여 해상 방어력을 높였고, 장수와 군대를 파견하여 육지에 상륙한 왜구들을 토벌했지요. 대표적인 인물이 최영과 이성계입니다. 최영은 1376년(우왕 2) 지금의 충청 남도 지방을 짓밟던 왜구를 홍산에서 대파했는데, 이를 '홍산 대첩'이라 합니다.

이성계는 1380년 충청도 해안에 상륙하여 전라도 지방으로 넘어온 왜구들을 크게 물리쳤지요. 이것을 '황산 대첩'이라 하는데, 뒷날 조선에서는 태조 이성계의 공적이라 하여 그 자리에 기념비를 세웁니다. 이 밖에도 정지, 나세를 비롯한 많은 장수들이 왜구 토벌에 큰 전과를 남깁니다.

또 당시 왜구를 격파하는 데 큰 구실을 한 무기가 있으니, 바로 화약입니다. 고려에서는 최무선이 중국에서 배워 온 화약 기술을 토대로 각종 화기를 제작했습니다. 1380년, 나세와 최무선이 이끄는 고려 수군은 새 무기를 이용하여 지금의 금강 어귀에 있는 진포에서 왜구 선박 500여 척을 전멸시켰습니다. 이것을 흔히 '진포 대첩'이라고 합니다(272쪽 '화약·화기를 만들다' 참고). 이 전투는 왜구의 주력인 해군력을 무너뜨려 그들의 기세를 꺾는 결정적 계기가 됩니다.

정지 장군의 갑옷

황산 대첩 유적지
이성계가 왜구를 격파한 사적지로 선조 때 기념비를 세웠다. 그러나 당시 비석은 1945년 일본인에 의해 파괴되어 파편만 남았다(바탕 사진). 지금의 비석은 1957년에 다시 만든 것이다. 1973년에 사적지로 정비했다. 사적 104호.

진포대첩에서 화기를 사용하여 왜구를 격파하는 모습

하지만 이것만으로는 왜구를 물리치는 데 한계가 있었습니다. 왜구 침입이 늘어나는 데에는 일본 정부가 해적 활동을 내버려 두는 것도 한몫했기 때문이지요. 이에 고려 정부는 무력 소탕과 더불어 외교적 노력도 기울입니다. 1377년, 정몽주는 일본 규슈 지방에 사신으로 가서 왜구 단속을 요구하고, 잡혀갔던 고려 사람 수백 명을 데리고 돌아왔습니다.

고려는 한 걸음 더 나아가 왜구의 본거지를 소탕하는 작전도 시도합니다. 1389년(공양왕 1) 2월, 박위는 100척의 병선을 이끌고 왜구의 본거지였던 쓰시마(대마도)를 정벌하여 선박 300척을 불태우고 고려 사람 100여 명을 데려옵니다. 조선 건국 뒤에도 쓰시마 정벌을 계속하여 왜구가 크게 줄어들지만, 완전히 뿌리뽑지는 못해 조선 정부의 외교 정책에 늘 골칫거리로 남게 됩니다.

새로운 정치 세력 등장과 위화도 회군

개혁을 꿈꾸는 사람들 – 신흥 사대부

나라 형편이 어려워지면 개혁을 통해 문제를 해결하려는 노력이 나타나게 마련입니다. 원 간섭기 동안에는 주로 국왕 주도로 개혁을 모색하다 보니 큰 성과를 거두지 못하고 계속 실패했지요. 그러나 공민왕 때를 거치면서 개혁을 이끌어 갈 새로운 세력이 꾸려지기 시작합니다. 이들은 우왕 때에 이르러 정치 세력으로 면모를 갖추고 본격적인 개혁 활동에 나서는데, 학계에서는 이들을 보통 '신흥 사대부' 또는 '신흥 유신'이라고 부릅니다.

신흥 사대부가 형성되는 중요한 계기로는 성균관 복구를 들 수 있습니다. 고려에는 본디 국립 교육 기관으로 국자감이 있었지만, 유명한 학자를 스승으로 모시는 사학(私學)에 밀려 점차 부실해집니다. 무신 정권기와 오랜 전쟁을 거치면서 명맥마저 끊길 지경에 이르렀지요. 전쟁을 끝내고 국가 체제를 복구하면서 교육 기관도 다시 정비하는데, 충렬왕 때 이름을 성균관으로 바꾸면서 면모를 가다듬습니다.

1367년(공민왕 16)에는 성균관을 증축합니다. 그 이유는 무엇일까요? 바로 개혁을 이끌어 갈 세력을 키우기 위해서입니다. 당시 정계에 등장한 신진들을 보는 공민왕의 마음은 흡족하지 못했습니다. 권문세족을 믿지 못하는 터인데 신진들마저 천박한 수준이라고 느꼈지요. 공민왕은 좀더 체계적인 교육을 통해 역량과 자질을 갖춘 인재를 키우고 싶었습니다. 그래서 성균관을 증축하고 재정을 보충했으며, 생도를 증원하여 유교 경전을 교육했지요. 그 덕에 유교 소양을 갖춘 젊은 관료들이 점차 정계로 진출하여 하나의 정치 세력을 형성하니, 이들이 바로 신흥 사대부라 불리는 세력입니다.

신흥 사대부들은 대개 지방 출신으로, 당대 또는 아버지 대에 과거를 통해 처음 중앙에 올라온 경우가 많았지요. 따라서 중앙에 별다른 기반이 없었습니다. 학문적으로는 새로 도입된 성리학을 공부했고, 경제적으로는 고향에 약간의 토지를 소유한 경우가 많았지요.

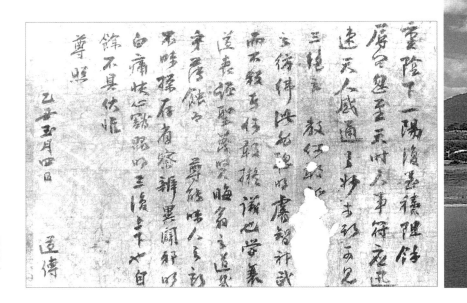

대대로 중앙에서 권세를 누리며 농장을 보유하고 있던 권문세족과
는 다른 모습입니다. 물론 앞서 중앙에 정착하여 좋은 가문을 형성
한 경우에는 권문세족의 면모를 띠기도 했지요. 그러나 이들도 정치
사상 면에서는 신흥 사대부들과 맥을 같이했습니다. 이제현이 그러
한 위치에 있던 대표적 인물이지요.

신흥 사대부들은 권문세족에 대한 비판과 개혁의 필요성, 친명 정
책 등에서는 한목소리를 냈지만, 개혁 노선과 방법을 둘러싸고 점차
계열이 나뉘기 시작합니다. 그 가운데 하나는 고려의 체제를 유지하
면서 사회 문제를 개혁하려는 계열로 '온건파 사대부'라고 부릅니다.
이색과 정몽주 같은 인물들이 여기에 속하지요. 이들은 성리학을 깊
이 이해했지만, 불교에 대해서도 우호적이었습니다. 또 사찰 경제의
폐단을 강하게 비판하면서도 수양을 위한 종교로서 불교를 인정했
습니다. 자연히 승려들과도 친분이 두터웠지요.

그러나 기존 체제로는 뜻하는 개혁을 이룰 수 없다고 보는 이들도

있었습니다. 새로운 왕조 개창까지 모색하던 이들을 보통 '급진파 사대부'라고 하는데, 정도전과 조준이 대표적인 인물입니다. 이들은 성리학을 절대적으로 신봉하면서 사찰 경제의 폐단뿐만 아니라 불교 자체도 부정하는 단계로 나아갑니다.

이렇게 신흥 사대부가 두 계열로 나뉘면서, 고려 말 정계는 왕조 개창을 추진하는 세력과 이를 막으려는 세력의 갈등 속에 전개됩니다.

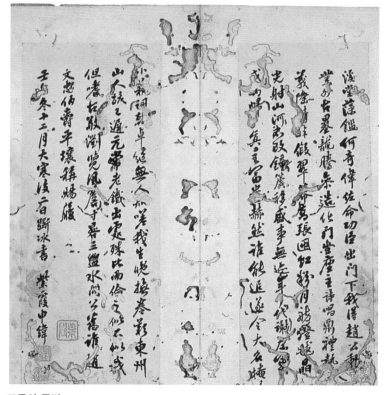

조준의 글씨

난세는 영웅을 낳는다 – 신흥 무장

고려 말 개혁을 이끌어 간 세력으로 신흥 사대부와 함께 '신흥 무장'을 빼놓을 수 없습니다. 원래 고려에서는 무과 시험이 없었고 무신들은 재상으로 진출할 수도 없었지요. 이 때문에 무신 정권기를 제외하면 무신의 정치적 영향력은 크지 않았습니다. 그러나 공민왕 때 이후 왜구와 홍건적의 침입을 물리치는 데 공을 세운 무장들의 명망과 지위가 높아졌지요.

정계 한편에서는 이들의 영향력이 커지는 것을 우려했습니다. 정세운과 이방실 등이 김용의 모략으로 희생당한 사건이 그 예이지요. 그러나 김용이 숙청된 뒤 최영과 이성계 등의 무장이 다시 힘을 얻기 시작합니다.

무신이면서 비교적 전통 있는 가문 출신인 최영은 외적을 물리치는 데 공을 세웠을 뿐만 아니라, 이인임 일파를 숙청하는 데도 결정적인 역할을 했습니다. 이로 인해 우왕의 전폭적인 지지 속에 막강한 권력을 휘두르게 되지요. 그는 권문세족에 속했지만, 권력을 빌려 비리를 저지르는 데는 이르지 않았습니다. "황금 보기를 돌같이 하라"는 그의 좌우명처럼 말입니다.

반면 이성계는 함경도 변방 출신입니다. 본관은 전주이지만 선조 때 함흥 지방으로 이주하여 정착했지요. 공민왕이 쌍성총관부를 무력으로 되찾을 때 아버지 이자춘이 협조한 대가로 관직을 받아 개경으로 올라왔습니다. 그는 최영과 마찬가지로 왜구와 홍건적 격퇴, 이인임 숙청에 공을 세우면서 명망이 높아집니다. 신기에 가까운 활 솜씨를 자랑하며 종횡무진 활약한 그는 수탈과 외적에 지친 백성들의 영

웅으로 떠올랐지요.

하지만 이성계는 변방 출신이라는 벽 때문에 권력의 핵심으로 올라서지 못했습니다. 그래서 비슷한 처지에 있던 신흥 사대부들과 친밀하게 지냈지요. 이 때 급진파 가운데 그의 명망을 이용하여 새로운 왕조를 세우려는 움직임이 나타나는데, 그것을 주도한 인물이 바로 정도전입니다.

이성계, 왕명을 거역하다 – 위화도 회군

이인임 일파 숙청이라는 정치 변동이 진행되는 동안, 명나라는 랴오둥 방면으로 세력을 뻗치면서 이전에 쌍성총관부가 있던 철령 이북 땅을 인수하겠다고 통보합니다. 원나라 영토였음을 내세워 그 땅을 차지하겠다는 말이었지요.

최영 묘
최영은 이성계의 위화도 회군으로 실각한 뒤 결국 처형당했다. 경기도 고양시 덕양구 대자동 소재. 경기 기념물 23호.

사불가론(四不可論)
이성계는 랴오둥 정벌을 해서는 안 되는 네 가지 이유를 제시했는데, 이를 '사불가론'이라고 한다. 이는 위화도 회군의 명분이기도 했다. 네 가지 이유는 다음과 같다.
❶ 작은 나라가 큰 나라를 거스르는 것은 무리이다.
❷ 백성들을 여름에 군대 보내면 농사에 피해가 크다.
❸ 랴오둥을 치는 동안 왜구가 기승을 부릴 것이다.
❹ 장마철이라 군대 운영에 어려움이 크다.

그러나 이 곳은 본디 고려 영토였는데 반란으로 인해 원나라 영토가 된 곳입니다. 고려는 당연히 자기 땅이라고 생각했기 때문에 거세게 반발했지요. 최영은 이번 기회에 명나라의 간섭을 꺾어 버리고자 랴오둥 정벌을 추진합니다. 우왕도 그런 최영의 주장을 적극 지지했고요.

1388년, 우왕의 허락을 받은 최영은 마침내 랴오둥 원정군을 출발시킵니다. 총지휘관인 최영은 평양으로 나아가 원정을 독려하고, 이성계와 조민수가 군대를 이끌고 랴오둥으로 향했지요. 그러나 이성계는 처음부터 랴오둥 정벌에 반대했습니다. 이른바 '사불가론'*을 열거하며 우왕과 최영을 설득했지만 소용없었지요.

이성계는 일단 군대를 이끌고 압록강으로 나아가 강 중간에 있는 위화도에 주둔합니다. 하지만 이 곳에서 장마를 만나 더 이상 진격하지 못하고 오랜 기간 머무르게 되었지요. 갈수록 군사들의 사기도 떨어지고 여건도 나빠지자 이성계는 두 차례 글을 올려 원정을

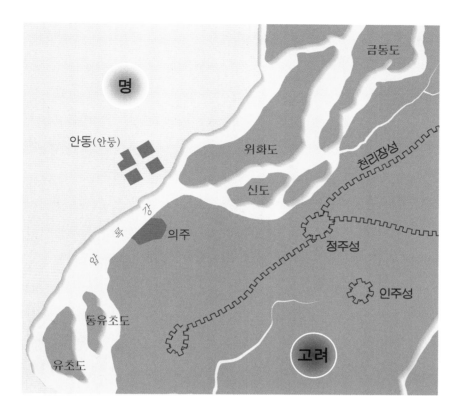

위화도와 주변 지역

중단할 것을 요청합니다. 하지만 끝내 허락을 받지 못하자 조민수를 설득하여 회군을 단행합니다. 왕의 허락 없이 이루어진 회군. 그것은 곧 반란이었지요.

상황이 돌변하자 최영은 개경으로 돌아와 이성계 군대에 맞섰으나 그의 정예 군대에 패하고 자신도 사로잡히고 맙니다. 이성계는 최영의 명망을 의식하여 그를 귀양 보내는 선에서 마무리하려 했지요. 그러나 급진파 사대부들은 걸림돌을 확실히 없애야 한다며 처형을 적극 주장하여 이루고야 맙니다. 이제 새로운 왕조 개창은 점점 현실로 다가오고 있었습니다.

위화도에서 회군하는 이성계의 군사들

고려 말 랴오둥 정벌

고려 말 최영이 추진한 랴오둥 정벌을 어떻게 평가해야 할까? 실현 가능성이 없는 무모한 행위였을까, 아니면 고려에게 승산이 있는 시도였을까? 또 그것은 실제 랴오둥을 차지하려는 의도였을까, 아니면 다른 뜻이 있었던 것일까? 이를 이해하려면 먼저 랴오둥의 지정학적 특징부터 짚어 보아야 한다.

　랴오둥은 랴오허(요하) 동쪽 지역을 말한다. 랴오허 유역은 강과 늪지, 산맥이 겹겹이 놓여 있어 대규모 군대가 가로질러 이동하기가 쉽지 않은 곳이다. 때문에 이 곳은 고대부터 중국과 만주 방면 북방 민족 사이의 경계선이 되었다. 고구려가 수나라 양제와 당나라 태종의 공격을 막아 낸 것은 이 랴오둥 방어선 덕분이었다.

　고구려 멸망 뒤 중국은 랴오둥을 자신의 영토로 삼고자 했다. 그러나 중원에서 멀리 떨어진 이 곳에는 여러 종족들이 흩어져 살고 있어 지배하기가 쉽지 않았다. 중국 왕조의 힘이 약해질 때면 이 곳이 가장 먼저 지배에서 벗어나곤 했다.

　발해 역시 랴오허 유역을 확실히 장악하지는 못했다. 고려가 건국될 즈음, 랴오허 상류의 거란족이 나라를 세운 뒤 발해를 무너뜨리고 이 곳을 차지했다. 12세기에 들어서는 여진족의 금나라가 주인이 되었다. 그러나 송나라를 양쯔 강 남쪽으로 밀어낸 뒤 수도를 연경(지금의 북경)으로 옮기고, 주민도 대부분 화베이(화북) 지방으로 이주하는 바람에 랴오둥은 다시 먼 변방이 되었다. 몽골 제국이 번영하면서 랴오둥은 원나라의 영토가 되었지만, 그 또한 확고히 장악하지는 못했다. 원나라의 힘이 약해지자 랴오둥은 또다시 누구의 힘도 미치지 않는 공백 지대가 되었다.

명나라는 원나라를 몰아내면서 랴오둥 지역으로 눈을 돌렸다. 하지만 북원이 아직 힘을 잃지 않은 상황에서 랴오둥 방면에만 힘을 쏟을 수도 없었다. 조선이 건국될 당시까지도 랴오둥에 대한 명나라의 지배력은 미약한 상태였다.

명나라의 철령위 설치도 랴오둥 방면을 장악하기 위한 방안의 하나였다. 앞서 공민왕의 쌍성총관부 탈환도 바로 랴오둥의 공백 상태를 이용한 것이었다. 명나라의 힘이 덜 미칠 때 랴오둥을 공략한다면 적어도 명나라의 진출을 약화시켜 고려에 대한 압력을 줄일 수 있었다. 조선 초기에 정도전이 다시 랴오둥 공격을 계획한 것도 마찬가지이다. 이러한 여건을 생각할 때, 당시 랴오둥 정벌을 공상적이고 무모한 행위였다고 볼 수는 없을 것이다.

그러나 여기서 한 가지 주의할 점이 있다. 당시 공격에 랴오둥 지역을 영토로 삼으려는 계획까지 포함시켰다고 보기는 어렵다는 점이다. 영토란 군대의 진출만으로 이루어지는 것이 아니다. 성을 쌓아 주민을 이주시키고 관리를 두고 다스려야 비로소 영토가 된다. 그러나 당시 고려나 조선의 여건에서 그것은 버거운 일이었다. 그보다는 이 방면에서 기선을 제압함으로써 명나라와의 관계에서 유리한 조건을 확보하려는 군사 작전이었다고 이해하는 쪽이 적절할 것이다.

최영과 이성계에 의해 숙청된 이인임은 나중에 조선 왕조를 무던히 괴롭힙니다. 무슨 이야기냐고요? 사연은 이렇습니다.

이성계가 실권을 장악하자 정계에는 그를 반대하는 세력이 많았습니다. 이들 중 일부는 명나라에 들어가 '이성계는 이인임의 아들'이라고 모함을 했지요. 이 내용은 명나라의 국가 체제를 정리한《대명회전》가운데 조선에 관한 부분에 그대로 실립니다.

이 사실을 안 조선 정부는 발칵 뒤집힙니다. 이성계가 숙청한 간신 이인임이 이성계의 아버지라고 되어 있으니 도저히 용납할 수 없었지요. 조선 정부에서는 이를 나라의 수치라 여기고 바로잡기 위해 백방으로 노력을 기울입니다. 이를 종계변무(宗系辨誣 : 왕실 계보에 왜곡된 것을 바로잡는다는 의미)라고 하지요.

그러나 명나라는 이미 간행되었다 하여 쉽게 들어 주지 않았습니다. 조선은 거듭 사신을 보내고 노력한 끝에 1584년(선조 17)에 이르러서야 비로소 책 내용을 수정할 수 있었습니다.

왜 명나라는 이 문제를 금방 고쳐 주지 않았을까요? 아마 조선 정부를 견제할 수 있는 좋은 빌미라고 생각한 듯합니다. 그렇지 않아도 역성혁명을 통해 새 왕조를 시작한 조선 정부는 명분에 부담을 많이 느꼈습니다. 명나라는 그런 조선의 부담을 이용하여 영향력을 키우고자 한 것입니다.

이 일로 조선은 오랜 기간 엄청난 비용과 노력을 기울여야 했습니다. 그러니 이인임과 이성계는 서로 악연이라 하지 않을 수 없겠지요?

너희는 왕씨가 아니다 – 우왕과 창왕의 폐위

위화도 회군으로 실권을 장악한 이성계와 그의 측근이 된 정도전, 조준 등의 신흥 사대부들은 우왕을 왕위에서 쫓아내고 강화도로 유배를 보냈습니다. 그런데 다음 국왕을 세우는 과정에서 이성계와 조민수 사이에 의견 충돌이 생깁니다. 이성계 일파는 종실 가운데 적임자를 고르려고 한 반면, 조민수는 우왕의 아들인 창을 왕으로 세우려고 했습니다. 조민수는 당대 최고의 학자로 명망이 높던 이색의 동의를 얻어 1388년 6월에 창왕을 왕위에 앉힙니다.

그러나 그는 당시 중요한 사업인 토지 개혁에 반대했다가 조준의 탄핵을 받아 귀양을 갑니다. 다시 큰 걸림돌 하나가 제거된 셈이지요. 이로써 이성계와 급진파 사대부의 개혁은 급물살을 타고 빠른 속도로 진행됩니다.

얼마 뒤 고려의 운명을 재촉하는 사건이 터집니다. 강화도에 있던 우왕의 지시를 받은 몇몇 신하들이 이성계 암살을 모의했다가 들킨 것입니다. 이 일로 이성계를 반대하던 인물들이 대거 숙청되고 우왕은 다시 강릉으로 쫓겨 갑니다.

이성계의 발원문이 적힌 고려 자기
1391년에 제작된 백자로 금강산 월출봉에서 출토했다고 한다.

곧바로 이성계는 신료들을 모아 놓고 우왕과 창왕은 신돈의 아들로서 왕위를 도둑질했다고 비난하고, 새로 종실을 세워야 한다고 주장합니다. 이미 우왕의 출생에 대해 논란이 있었던데다 모든 권력을 장악한 이성계의 주장이라 누구도 반대할 엄두를 못 냈지요. 결국 창왕도 즉위한 지 몇 달 만에 폐위되고 종실인 정창군이 새 국왕으로 추대되었습니다. 그가 고려의 마지막 왕, 공양왕입니다.

아! 그렇구나

너희는 신돈의 아들·손자다 - 신우신창론

우왕은 출생 과정에 석연치 않은 부분이 있었다. 신돈은 공민왕에게 등
용될 때 반야라는 여인을 데려왔는데, 그 용모가 죽은 공민왕의 부인 노
국 공주를 빼닮았다고 한다. 신돈은 이를 두고 노국 공주가 새로 태어난
것이라 했고, 그 말을 믿었는지 공민왕은 반야를 총애했다. 그 뒤 반야가
아들을 낳았는데, 그가 '우'이다. 한편에서는 반야가 낳은 아들은 곧 죽고
다른 데서 아이를 데려왔다는 말도 있었다.

공민왕은 처음에 우를 신돈의 집에서 키우다가 신돈이 숙청된 뒤 궁궐
로 데려와 자신의 아들이라고 밝혔다. 여기서 의문이 생긴다. 왜 우가 태
어났을 때부터 밝히지 않고 있다가 뒤늦게 터뜨렸을까? 사람들은 그가 공
민왕의 아들이 아니라 신돈의 아들일 거라고 의심을 품게 되었다. 그러나
공민왕이 자기 자식이라고 인정한 이상 누구도 따질 수 없었다. 그래서 공
민왕이 갑자기 죽은 뒤 유일한 자식이었던 우가 왕위에 오른 것이다.

이성계는 권력을 잡자 자신과 반대편에 선 우왕을 쫓아내기 위해 그가
신돈의 아들이라는 주장을 다시 제기한다. 그 주장은 조선이 건국되면서
사실로 굳어졌다. 《고려사》에는 국왕에 대한 기록을 적은 〈세가〉 편이 있
는데, 거기에 우왕과 그의 아들 창왕에 대한 내용이 빠져 있다. 대신 신
하들에 관해 기록한 〈열전〉 편 뒤에 붙어 있다. 우왕과 창왕을 왕으로
인정하지 않는다는 뜻이다. 이렇게 해서 우왕과 창왕이 신돈의 아들이라
는 '신우신창론'은 확립되었다.

우왕이 실제로 신돈의 아들인지 아닌지는 확인할 수도 없지만, 이 사

실이 역사적으로 중요한 것은 아니다. 다만 그것이 이성계 일파의 집권과 왕조 개창에 결정적인 명분이 되었다는 사실을 주목해야 한다. 고려 왕조 입장에서 본다면, 미리 후계자의 정당성을 세우지 못한 공민왕의 잘못을 지적하지 않을 수 없을 것이다.

하지만 신돈 등용과 후계자로 우를 내세운 것이 정치적으로 고립되어 있던 공민왕의 어쩔 수 없는 선택이었다면, 역사의 뒤안길로 물러가는 왕조의 운명을 탓해야 할지도 모르겠다.

《고려사》에서 '신우'를 표시한 부분 우왕에 대한 내용은 〈세가〉에 실리지 않고 〈열전〉 뒤에 수록되어 있다. 왕씨가 아니라고 규정했기 때문에 아예 국왕으로 인정하지 않은 것이다.

저무는 고려 왕조

토지를 다시 나누어 주다 – 전제 개혁

반대파를 차례로 숙청한 이성계 일파는 개혁의 고삐를 힘껏 당깁니다. 당시 가장 중요한 작업은 전제(田制)*를 개혁하는 일이었지요. 전제 개혁은 이전에도 여러 번 시도되었지만 큰 성과를 거두지 못했습니다. 제도는 그대로 둔 채 운영상의 문제점만 고치려 했기 때문이지요. 그러나 이번에는 제도 자체를 바꾸고자 했습니다. 곧 개인이 토지에 대한 권리를 가지는 사전(私田)에 문제가 있다고 보고, 이를 완전히 폐기한 다음 국가 주도로 토지를 다시 나누어 주려는 것이었지요.

그 선봉에 선 인물이 조준입니다. 그는 우왕이 폐위된 직후부터 세 차례에 걸쳐 장문의 상소를 올려 전제 개혁의 방향과 내용을 제시했습니다. 이를 발판으로 급진파 사대부들은 전제 개혁을 강력히 추진해 나갑니다.

전면적인 개혁이었던 만큼 반대 또한 만만치 않았지요. 이색을 비롯한 온건파 사대부들은 전제 개혁 자체가 고려 왕조를 부정하는 것이라고 분석했습니다. 그래서 당시 전제의 문제점을 인정하면서도 급진파의 개혁에는 반대합니다. 하지만 이미 권력을 장악한 그들을 막을 수는 없었지요.

1390년(공양왕 2), 마침내 기존에 있던 토지 장부를 모두 불태워 버리는 조치가 있었습니다. 공양왕은 그 광경을 보면서 고려 왕조의

전제(田制)
국가가 관리 등 국가에 필요한 직무를 수행하는 사람들에게 토지를 나누어 주는 제도를 말한다.

토지 장부가 불타는 모습을 보며
눈물을 흘리는 공양왕

아! 그렇구나 공전·사전과 수조권

고려와 조선 시대의 토지에는 공전(公田)과 사전(私田) 두 가지 종류가 있었다. 요즘으로 치면 공유지와 사유지로 구분하는 것과 비슷하다. 다만 그것에 설정된 권리가 무엇이냐에 따라 내용이 조금 달라진다. 그 권리는 크게 두 가지로 나뉜다.

하나는 소유권(소유자)에 따라 구분하는 것이다. 곧 공전은 국유지이고, 사전은 개인이 소유한 토지를 가리킨다. 이것은 요즘과 크게 다르지 않다.

그런데 예전에는 이와 다른 또 하나의 권리가 있었다. '수조권(收租權)'이라는 권리이다. 수조권이란 간단히 말해 토지에서 생산되는 곡식의 일부를 세금으로 거둘 수 있는 권리를 말한다. 이것은 본디 국가가 가지는 것으로, 관청에 운영 경비로 나누어 주거나 국가에 복무하는 관리 등에게 대가로 나누어 주었다. 공전은 국가와 관청이 수조권을 가진 토지를 가리키고, 사전은 개인이 수조권을 가진 토지를 나타낸다. 이것은 물론 국가가 나누어 준 것이다.

그런데 기록에는 이것을 두고 "토지를 나누어 주었다"고 적혀 있다. 고려 말 전제 개혁에서 '사전을 없앤다'는 의미는 토지 자체를 모두 국유지로 몰수한다는 의미가 아니라, 토지 소유는 그대로 두고 수조권을 모두 국가로 귀속시킨다는 의미였다. 그 다음에 국가가 수조권을 다시 나누어 준 것이다.

운세가 다했음을 느끼고 눈물을 흘렸다고 합니다. 이듬해에 새로운 전제가 시행되는데, 이것이 바로 과전법(科田法)입니다.

과전법은 전시과 제도처럼 관리를 포함해 나라에 필요한 업무를 수행하는 사람들에게 토지를 나누어 주는 제도입니다. 물론 토지 자

　요즘 생각으로 보면 복잡하다는 느낌이다. 그냥 국가에서 세금을 모두 거두어 나누어 주면 될 텐데 말이다. 하지만 그 속사정은 이렇다.

　먼저 예전에는 농업 생산이 불안정했다는 점을 눈여겨보아야 한다. 생산성이 낮았을 뿐만 아니라 자연 재해 때문에 일정한 생산량을 보장할 수도 없었다. 관청 경비와 관리들의 복무 대가를 모두 국가에서 책임진다면 어떤 문제가 생길까? 생산이 부실할 경우 나라 살림에 엄청난 부담이 생긴다. 그래서 아예 세금 거둘 권리를 떼어 줌으로써 그 부담까지 함께 넘긴 것이다. 물론 세금 거두는 과정을 국가가 도와주었고, 기본적인 생활비를 위해 녹봉을 따로 지급했다.

　또한 이 제도는 '생산물 취득'이라는 경제적 의미 외에 '토지 경작자에 대한 지배'라는 중요한 의미도 있었다. 수조권을 나누어 준 토지에는 본디 소유자가 있다. 대개 이들은 경작자이기도 했다. 관리에게는 생산물을 거둘 권리만 있지만, 실제로는 이를 통해 해당 토지와 그 토지의 경작자까지 지배할 수 있었다. 물론 사람을 마음대로 부리는 것은 아니지만, 적어도 지배층이라는 의미만큼은 분명히 드러났을 것이다. 그리고 그 권리를 국가가 나누어 주었기 때문에, 관리들은 국가에 대해 각별한 봉사 의식을 가졌을 것이다.

체를 나누어 주는 것이 아니라, 그 토지에서 조세를 거둘 수 있는 권리를 주는 것이지요. 대상자를 18등급으로 나누고 차이를 두어 지급했습니다.

　이 전제 개혁에서 한 가지 주의 깊게 생각할 것이 있습니다. 고려

의 토지 장부를 모두 불태우고 새로 과전법을 시행했다고 해서, 실
제로 모든 토지를 국가가 몰수한 것은 아니라는 점입니다. 대부분의
토지 소유는 그대로 인정했습니다. 개혁의 핵심은 국가 통제에서 벗
어나 세금을 내지 않고 있던 농장들을 없애는 것이었지요. 토지에서
세금을 거둘 수 있는 권리를 국가가 되찾아 오려는 의도였습니다.
이를 위해 기존 농장에서 세금을 거둘 수 있는 권리가 적힌 문서들
을 태워 없앤 것입니다.

전제 개혁은 기존 권력층이 몰락하고 새로운 세력이 등장했음을
뜻합니다. 동시에 고려가 몰락하고 새 왕조의 등장을 암시하는 일이
고요. 공양왕은 그것을 알기에 눈물을 흘린 것입니다.

새로운 나라를 만드는 발판 – 정치 제도 개혁

창왕과 공양왕 때에는 정치 제도 개혁도 함께 진행합니다. 그 목적

은 무엇보다 권력 구조를 개편하는 데 있었는데, 그 결과물이 바로 도평의사사 개혁입니다.

도평의사사는 원 간섭기를 거치면서 조직이 차츰 커졌습니다. 처음에는 회의에 참석하는 재상이 10여 명에 불과했는데, 나중에는 70~80명에 이르렀지요. 기능이 커지다 보니 실무 처리를 위한 하부 기구도 만들어졌습니다. 그야말로 도당에서 모든 정책을 다 처리해 버리는 셈이었지요.

그러니 본디 행정 업무를 담당하던 6부는 껍데기만 남는 꼴이 되었습니다. 국가 운영이 정식 절차를 밟아 단계적으로 이루어지지 않자 많은 부작용이 따랐어요. 기구가 중복된 셈이니 재정 낭비도 클 수밖에 없었고요.

이에 1390년(공양왕 2)에는 도평의사사에 참여할 수 있는 재상의 범위를 대폭 축소하고 실무 기구도 정리했습니다. 도평의사사는 조선 건국 뒤에도 최고 권력 기관으로 유지되다가 1400년(정종 2)에 의정부(議政府)로 바뀝니다.

한편 지방 제도도 대대적으로 개편했습니다. 특히 주목할 부분은 외관을 크게 늘린 점입니다. 고려는 각 고을 운영을 그 곳 향리들에게 맡겼고, 외관은 그들을 감독하는 구실을 했습니다. 하지만 12세기부터 유민이 대규모로 발생하는 등의 문제로 이런 방식이 한계에 부딪힙니다. 이에 필요한 곳부터 외관을 추가로 파견하여 그 수가 점차 늘어났지요.

게다가 무신 집권기와 원 간섭기를 거치면서 정치 상황에 따라 특별히 고을의 등급을 올려 주는 경우가 많아졌습니다. 어떤 인물이 공을 세웠을 때 그 사람 고향의 등급을 높여 주는 경우가 대표적이지요. 최씨 정권을 타도했을 때, 그리고 뒤에 김준 정권을 무너뜨렸을 때, 정변을 주도한 인물들의 고향을 승격시킨 일이 그 보기입니다. 고려 말에는 정도가 더 심해져 우왕이 총애하던 유모의 고향을 승격시킬 정도였습니다. 또 뇌물과 청탁에 의해 고을 등급이 바뀌는 경우도 있었고요. 그러다 보니 지방 통치가 어떻게 되었겠어요? 외관이 있는 고을과 없는 고을이 뒤섞이고 행정 처리도 일관성을 잃었지요.

급진파 사대부들은 문제 해결을 위해 모든 고을에 외관을 설치하고자 했습니다. 외관에게 지방 행정을 전담시키려는 의도였지요. 그래서 공양왕 때 많은 외관이 새로 파견됩니다. 규모가 작은 고을은 이웃 고을과 합치기도 했는데, 이 작업은 조선 초기까지 계속되어 세종 때 마무리됩니다.

이 개혁을 통해 지방 행정의 중심이 향리에서 외관, 곧 수령으로 바뀝니다. 수령은 국왕을 대신해 고을을 다스리는 존재로 막강한 권력을 휘두르게 되지요. 반면 향리들은 지위마저 땅에 떨어져 중인 신분으로 자리 잡게 됩니다.

고려 왕조를 지키려는 마지막 노력

위화도 회군에 이은 개혁의 물결 속에 새 왕조를 세우려는 움직임도 물 위로 떠올랐습니다. 정도전과 조준 일파는 백성들 사이에 명망이 높은 이성계를 국왕으로 세우려고 했지요. 이 때 부담스러운 인물이

아! 그렇구나 고을의 등급과 명칭

예전에 고을 등급에는 두 종류가 있었다. 하나는 고을 자체의 등급으로 주(州)·부(府)·군(郡)·현(縣) 등이다. 다른 하나는 해당 고을에 설치되는 외관(수령)의 등급인데, 이것은 원래 고을의 등급과 일치한다. 조선의 경우를 보면 주-목사, 부-부사, 군-군수, 현-현령·현감 같은 식이다.

그런데 고려는 일부 고을에만 외관을 설치했기 때문에 고을 등급과 외관 등급이 일치하지 않았다. 예를 들어 고을 명칭은 똑같이 '주'이지만, 목사(牧使)가 설치된 경우도 있고, 그보다 지위가 낮은 지사(知事)가 설치된 경우도 있으며, 아예 외관이 설치되지 않은 경우도 있었다.

반면 조선에서는 모든 고을에 외관을 설치하여 고을 등급과 외관 등급을 일치시켰다. 주의 경우 목사 이상이 설치된 큰 고을만 남겨 두고, 나머지는 '주'라는 명칭을 '산(山)'이나 '천(川)'으로 바꾸고 '군(郡)'으로 만들었다. 예를 들어 '인천(仁川)'은 '인주(仁州)'에서, '서산(瑞山)'은 '서주(瑞州)'에서 바뀐 것이다. 요즘에도 '주'라는 이름이 들어간 곳은 조선 시대 이래로 큰 고을이라고 보면 된다.

또 두 고을을 합친 곳도 여럿 있는데, 대개 각각의 이름에서 한 글자씩 따다가 새 이름을 만들었다. 예를 들어 경기도 고양은 고봉과 덕양을, 경기도 용인은 용구와 처인을 합친 지명이고, 전라 남도 강진은 도강과 탐진, 전라 북도 무주는 무풍과 주계를 합친 지명이다.

있었으니 그가 바로 이색입니다.

　이색은 최영이나 조민수처럼 이성계와 권력을 다투는 위치에 있지는 않았습니다. 그러나 당시 어지간한 학자와 관리들이 모두 스승으로 모시는 인물이었기 때문에 정계에 미치는 영향력은 컸지요. 이색은 고려 왕조를 지키고자 했으므로 그를 놔둔 채 새 왕조를 준비할 수는 없었습니다. 그가 나서서 반대 여론을 주도할 테니까요. 그래서 신돈의 손자인 창왕을 편들었다는 죄목을 씌워 관직을 빼앗고 귀양 보냅니다. 그리고는 우왕과 창왕을 모두 살해하고 다시 많은 사람들을 숙청했지요.

　1391년, 마침내 왕조 개창의 마지막 과제인 군제 개혁을 시작합니다. 왕조를 뒤엎는 일은 군사력을 장악하지 않고서는 성공을 장담할 수 없기 때문이지요. 당시 고려는 왜구의 노략질을 막기 위해 각지에 '원수'를 파견했습니다. 이들은 현지에서 군대를 동원할 수 있는 권한을 가지고 있었어요. 이 군사력을 그대로 둔다면? 왕조 개창에 반대하는 지방 반란이 일어날 수 있었지요.

　이성계 일파는 먼저 원수의 권한을 박탈하여 정부로 귀속시킵니다. 그리고 중앙에 군사 기구를 새로 설치하고 책임자 자리를 독점했지요. 그 결과 모든 군대 징발과 동원에 관련된 권한을 이성계 일파가 차지하게 됩니다. 이제 이성계 일파는 왕조 개창을 위한 만반의 준비를 갖춘 셈이었지요.

　왕조 개창이 가닥을 잡아 갈 즈음, 정몽주를 중심으로 고려 왕조를 지키려는 필사적인 노력이 일어납니다. 정몽주는 창왕을 폐위하고 공양왕을 세우는 데 참여했으며, 이성계와도 가까운 사이였습니다.

정몽주의 초상화
그의 문집에 실린 것이다.

정몽주 묘
정몽주가 순절한 뒤 개성 인근에 묘를 만들었다가 고향인 경상 북도 영천으로 가던 중에 행렬 앞의 깃발이 바람에 날려 떨어진 곳에 터를 잡았다는 이야기가 전한다. 경기도 용인시 모현면 소재. 경기 기념물 1호.

정몽주 글씨(바탕)

그러나 이성계 일파가 왕조 개창으로 나아가자, 이를 저지하기 위해 마지막 노력을 기울입니다. 고려의 신하로서 그냥 보고 있을 수 없기에 선택한 길이었지요.

정몽주는 먼저 공양왕을 움직여 이성계 일파의 숙청 작업에 제동을 겁니다. 그리고 세력을 모아 반격의 기회를 노리지요. 그러던 중 명나라에 갔다가 돌아오는 세자 일행을 맞이하러 나간 이성계가 말에서 떨어져 다치는 사건이 일어납니다. 아주 좋은 기회라고 여긴 정몽주는 사람을 동원하여 정도전과 조준 등을 탄핵하여 숙청하려고 합니다.

사태가 급박해지자 이성계의 다섯째 아들인 이방원(뒤의 태종)이 이성계와 함께 급히 개경으로 돌아옵니다. 정몽주는 문병을 핑계 삼아 사태를 살피러 갔지요. 그러나 이것이 오히려 이성계 일파에게 먼저 공격할 기회를 제공하고 맙니다. 정몽주를 더 이상 놔둘 수 없다고 판단한 이방원이 부하를 시켜 집으로 돌아가는 그를 선죽교에서 살해한 것입니다. 정몽주의 죽음과 함께 왕조 개창을 막을 마지막 저지선도 무너져 버립니다.

　그로부터 얼마 뒤 이성계는 측근들의 추대를 받아 공양왕에게 왕

선죽교에서 이방원 부하들의 공격으로 순절하는 정몽주

선죽교 고려 충신 정몽주가 순절한 곳이다. 원래 이름은 '선지교'이나 정몽주가 죽은 뒤 '선죽교'로 고쳐 불렀다고 한다.

임금이 직접 짓고 직접 쓴 선죽교 시(御製御筆善竹橋詩)

도덕과 충성은 길이 이어질 것이니(道德精忠亘萬古)

태산처럼 높은 절개의 포은공(정몽주)이로다(泰山高節圃隱公)

선죽교 시
조선 영조가 정몽주의 충절을 기려 직접 지은 시로, 글씨도 영조의 친필이다.

위를 물려받는 형식으로 즉위합니다. 그리고 나라 이름도 '조선'으로 바꾸었지요. 이로써 고려 왕조는 34대 475년 만에 막을 내리고, 새 왕조가 그 자리를 물려받습니다.

아! 그렇구나 역성 혁명이란?

혁명(革命)이란 《맹자》에 나오는 말로, '천명을 바꾼다'는 뜻이다. 군주는 천명을 받아 백성을 다스리는 것이며, 이에 충실하지 않으면 하늘이 명을 바꾸어 다른 사람에게 넘겨 준다고 한다.

역성(易姓)이란 '성씨를 바꾼다'는 말이다. 근대 이전의 국가는 국왕이나 왕실과 같은 의미였다. 왕위는 아들에게 대물림했으므로 같은 성씨가 유지되었다. 만약 후손이 아닌 다른 사람이 국왕이 되면 성씨가 바뀐다. 이것이 곧 역성으로, 새 왕조 성립을 의미한다.

체제는 대부분 그대로 유지하면서 국왕만 다른 성씨로 바뀌었다 해서 조선 건국을 흔히 '역성 혁명(易姓革命)'이라는 말로 표현하는 것이다.

이리 갈까, 저리 갈까? 그것이 문제로다!

이성계가 왕위에 올라 새 왕조를 열자, 고려의 신하들 앞에는 두 갈래 길이 놓였습니다. 고려 왕조의 신하로서 절개를 지킬 것인가, 아니면 새 왕조에 참가하여 지위를 유지할 것인가. 많은 사람들이 절개와 현실 사이에서 고민하지 않을 수 없었지요. 단지 권력만 따라다니는 사람에게는 생각할 필요조차 없는 일이었겠지만 말이에요.

조선은 분열과 전쟁을 거쳐 성립한 왕조가 아니라, 기존의 고려 왕조에서 국왕만 바뀌는 '역성 혁명'이었기에 이미 있는 관리들을 대부분 그대로 받아들입니다. 지방 수령들도 현지에 남아 업무를 보게 했고, 강력한 반대파가 아니면 더 이상 숙청도 삼간 덕에 많은 사

조선이 건국될 때 고려 신하들 가운데에는 새 왕조에 참여하기를 거부하고 은둔한 사람들이 많았다. 이 가운데 조의생, 임선미, 맹호성, 성사제를 비롯한 72명의 관리들이 관복을 벗어 던지고 개성 남쪽에 있는 만수산에 들어가 나오지 않았다. 뒤에 이들이 관복을 벗어 던진 곳을 부조현(不朝峴)이라 하고, 은둔한 곳을 두문동(杜門洞)이라 했다.

이성계는 이들을 설득하여 새 왕조에 참여시키려 했으나, 이들은 "왕씨(고려)의 귀신이 될지언정 이씨(조선)의 신하가 되지 않겠다(寧爲王氏鬼 不作李家臣)"며 참여를 거부했다. 이성계는 마침내 두문동을 포위하고 불을 지르도록 했다. 불을 피해 밖으로 나올 거라고 판단한 것이다. 그러나 이성계의 예상은 빗나가고 말았다. 그들 중 단 한 명도 나오지 않고 그대로 불길 속에서 죽어 갔다. 죽을지언정 고려 왕조에 대한 충절을 버리지 않겠다는 뜻이었다. 이 때 순절한 사람들을 가리켜 '두문동 72현'이라고 한다.

뒷날 영조는 부조현과 두문동에 비를 세워 이들의 충절을 기렸다. 부조현에 세운 비에는 "고려의 충신들이 벼슬을 버린 고개(高麗忠臣不朝峴)"라 새겼고, 두문동 비에는 "훌륭한 충신은 지금 어디 있는가, 특별히 그 마을에 비를 세워 절개를 기리노라(勝國忠臣今焉在 特竪其洞表其節)"라고 새겼다. 그리고 정조는 표절사(表節祠)라는 사당을 세워 이들을 제사하도록 했다.

밖에 무슨 일이 있어도 집에서 나오지 않는 것을 가리키는 '두문불출(杜門不出)'이라는 말은 바로 이 이야기에서 비롯한 것으로, '두문동에서 나오지 않는다'는 뜻을 담고 있다.

람들이 새 왕조에 참여합니다.

하지만 참여하지 않은 사람 또한 적지 않았어요. 조선이 건국되고 유배지에서 돌아온 이색은 이성계에게 예우를 받았지만, 새 왕조에 참여하라는 제의에는 끝내 손을 저었습니다. 그리고 별장이 있던 여주로 내려가던 길에 갑자기 죽었습니다. 이에 대해서는 독살된 것이라는 이야기도 있지요.

길재는 고향인 경북 선산(지금의 경상 북도 구미)으로 내려가 학문에만 전념했습니다. 그의 학문을 계승한 사람들은 뒤에 정계에 진출하여 이른바 '사림파'를 형성합니다. 권근은 왕조 개창과 함께 귀양 갔으나, 나중에 설득에 못 이겨 새 왕조에 참여하여 조선 성리학의 토대를 닦습니다.

이 밖에 많은 지식인들이 새 왕조를 등지고 은둔 생활에 들어갔습니다. 물론 이들은 끝내 조선 왕조를 인정하지 않았습니다. 조선 왕조에서는 이들의 영향으로 조선에 반대하는 여론이 형성될까 우려했습니다. 이에 조선 왕조 개창은 천명을 받아 이루어진 일이라고 관리와 백성들에게 알리는 데 각별한 노력을 기울였지요. 세종이 훈민정음을 창제한 뒤 가장 먼저 지은 〈용비어천가〉의 내용이 바로 조선 건국을 정당화한 것이라는 사실이 그 보기입니다. 조선은 몇 세대가 지나서야 비로소 이 부담에서 벗어나게 됩니다.

아! 그렇구나

공민왕 신당이 조선의 종묘 안에 있는 까닭

서울 종로 4가에는 조선의 종묘(宗廟)가 있다. 조선 역대 국왕의 위패를 모신 곳으로, 세계 문화 유산으로 지정될 만큼 역사적 의미가 깊은 곳이다. 이 곳에 가 보면 아주 특이한 건물이 하나 있다. 바로 공민왕의 신당이다. 조그만 건물 안에는 공민왕과 노국 공주의 초상화와 공민왕이 그렸다는 〈준마도〉가 있다.

조선의 종묘 한구석에 고려 국왕인 공민왕의 신당이 있다니, 어찌 된 영문일까? 보는 사람마다 고개를 갸우뚱할 만한 일이다. 그 사연은 이렇다.

처음 종묘를 지을 때 거친 바람이 불더니 하늘에서 그림 한 폭이 떨어졌다. 공민왕의 영정이었다. 이에 영정을 모신 신당을 지었다고 한다. 이 이야기를 그냥 믿을 수는 없지만, 어떤 곡절은 있을 듯하다. 그것이 무엇일까?

사실 이성계는 공민왕이 무척 부담스러웠다. 이성계 집안은 함흥 지방의 토호였다. 공민왕의 쌍성총관부 탈환을 계기로 아버지 대에 개경으로 진출했고, 이성계 자신은 장수로 활약하며 출세했다. 곧 공민왕은 이성계 가문에게 커다란 은혜를 내린 임금이요, 이성계는 공민왕의 신하였다. 이성계가 새 왕조를 세웠다 할지라도 이 관계는 달라질 수 없었다. 그러니 이성계는 은혜를 내린 임금을 배반하고

종묘에 있는 공민왕 신당

나라를 빼앗은 셈이다.

소수 세력이 주도한 역성 혁명으로 세워진 조선 왕조에 이것은 치명적인 약점이었다. 공민왕을 종묘 한쪽에서 제사한 까닭은 바로 이러한 부담을 줄여 보고자 한 게 아니었을까? 한편에서는 〈용비어천가〉 같은 노래를 지어 역성 혁명의 정당성을 홍보하고, 다른 한편으로는 공민왕의 제사를 지내 줌으로써 고려와 조선을 연결시켜 생각하도록 유도한 것이다. 다른 데도 아닌 종묘에서 공민왕 제사를 지내는 일은, 조선 왕조를 향한 서민층의 거부감을 없애는 데 효과가 있었을 것이다.

신당 안에 있는 공민왕 부부상
현재 원본은 궁중 유물 전시관으로 옮겼고, 신당 안에는 모사한 그림이 걸려 있다.

4

동국의 역사는 하나에서 시작되었다!
고려 후기의 사상과 역사 계승 의식

새 길을 찾는 불교계

불교계를 새롭게 만들자! – 결사 운동

고려의 문벌 사회가 번성하면서 불교계도 차츰 세속화되었습니다. 유명한 문벌 가문은 저마다 원찰을 세우고 많은 재산을 기부한 다음, 자식들을 출가시켜 관리했습니다. 사찰은 이제 수행 공간이라기보다는 하나의 커다란 경제 단위가 되었고, 승려들은 수행보다 세속 활동에 휩쓸렸지요. 승려를 뽑는 승과는 개인의 자질과 능력보다는 가문 배경을 더 중요하게 보았고요.

 사정이 이렇게 되자 한편에서는 불교계의 타락을 비판하고 올바

순천 송광사 전경
본디 이름은 길상사로, 지눌이 정혜 결사를 이끌고 이곳에 정착한 뒤 이름을 수선사로 바꾸었다. 뒤에 사찰이 위치한 송광산의 이름을 따서 송광사라 했고, 산 이름은 조계산으로 바뀌었다.

른 수행을 추구하려는 개혁 운동이 일어납니다. 이것을 '결사 운동'이라 부르지요. 결사(結社)란 어떤 목적을 위해 많은 사람들이 뜻을 모아 조직이나 단체를 만드는 것을 말합니다. 불교계의 결사는 이미 꾸려져 있는 교단에서 한 걸음 떨어져 수행하는 모임을 가리킵니다. 이 결사 운동의 대표적인 보기가 지눌의 수선사(修禪社)와 요세의 백련사(白蓮社)입니다.

1165년(의종 19)에 승려가 된 지눌은 1182년(명종 12) 승과에 합격했으나, 부정과 비리가 판치는 현실을 보고 출세를 단념합니다. 그리고 수행에만 정진하기로 마음먹지요. 1190년에는 지금의 대구 팔

공산에서 뜻을 같이하는 동료들과 정혜사(定慧社)라는 모임을 결성합니다. 그의 운동은 불교계에 신선한 바람을 일으켜 많은 사람이 참여합니다. 이에 장소를 옮기고 결사 이름도 수선사로 바꾸었으니, 이 곳이 지금 우리 나라 대표 사찰 가운데 하나인 송광사입니다.

교세가 커지자 최씨 정권도 관심을 가졌습니다. 집권한 뒤 불교계를 억압한 최씨 정권은 승려들과 무력으로 충돌한 일도 있었어요. 그러나 당시 정신 세계의 바탕이 불교였던 만큼 불교계 전체를 무시할 수는 없었습니다. 그래서 새로 등장한 불교 세력을 지원하여 지지 기반으로 삼고자 했지요.

지눌은 원래 취지대로 정계와 직접적인 관계를 맺지 않고 수행에만 전념하고자 했습니다. 하지만 교세가 커지고 특히 고위층 신자들이 많이 들어오면서 권력과의 연결을 피할 수 없

보조국사 지눌의 진영
송광사 국사전에 있는 16국사 진영 가운데 하나이다.

었어요. 지눌 뒤를 이은 혜심 때부터 최씨 정권과 긴밀한 관계를 맺게 됩니다. 특히 최우는 수선사에 직접 참여했을 뿐 아니라 두 아들을 그 곳에 출가시킬 정도였지요.

수선사는 무신 정권이 몰락한 뒤에도 교세가 꺾이지 않았습니다. 지눌이 국사로 임명된 뒤 16명의 고승을 배출하며 불교계를 이끌어 나가는데, 이들을 보통 '16국사'라고 부르지요. 이 때문에 송광사는

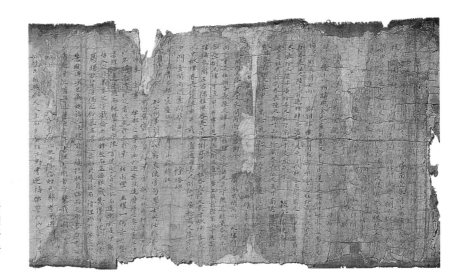

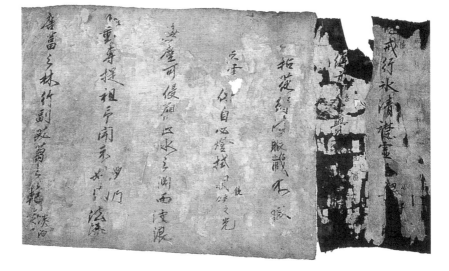

승보 사찰로 불리며, 우리 나라 삼보 사찰*의 하나로 자리 잡습니다.

한편 백련사는 지금의 전라 남도 강진에 자리 잡은 결사로 천태종에 바탕을 두었지요. 수선사보다 대중적이었으나 그 또한 원 간섭기가 되면서 왕실과 가까운 관계를 맺습니다.

	16국사		16국사
1세	보조국사	9세	담당화상
2세	진각 국사	10세	혜감국사
3세	청진국사	11세	자원국사
4세	진경국사	12세	혜각국사
5세	자진국사	13세	각암국사
6세	원감국사	14세	정혜국사
7세	자정국사	15세	홍진국사
8세	자각국사	16세	고봉화상

송광사 국사전 내부에 모신 16국사 진영

국사전은 수선사 16국사의 진영을 모셔 놓은 전각이다. 1369년(공민왕 18)에 처음 지었으며 국보 56호이다. 국사전 내부에는 보조국사를 중심으로 왼쪽에 7명, 오른쪽에 8명이 중앙을 향해 배치되어 있다. 16국사 진영은 1780년(정조 4)에 제작되었으며, 보물 1043호이다.

아! 그렇구나 국사와 왕사

고려에서는 승려들에게 일정한 직급을 부여하고 관리했는데, 이를 '승직 제도' 라고 한다. 교종에서는 승통(僧統)이, 선종에서는 대선사(大禪師)가 가장 높은 직급이었다. 이와 함께 특별히 학문이나 수행이 뛰어난 고승에게는 국사(國師)나 왕사(王師)라는 칭호를 주었다.

국사는 한 나라의 스승이라는 뜻이고, 왕사는 국왕의 스승이라는 뜻이다. 왕조 국가에서는 국왕이 곧 국가이므로 두 칭호에 특별한 격의 차이는 없지만, 굳이 비교한다면 국사가 왕사보다 좀더 높다고 할 수 있다.

이 제도는 본디 중국에서 시작되었는데, 고려에서는 광종 때부터 임명 사례가 보인다. 그러다가 조선 태조의 왕사로 책봉된 무학대사를 마지막으로 우리 역사에서 사라진다. 유교를 정치 이념으로 내세운 조선에서 승려에 대한 우대 정책을 폐지했기 때문이다.

송광사 보조국사비 현재 남아 있는 보조국사 비문은 1678년 (숙종 4)에 다시 세운 것이다. 고려 때 비문은 명필 유신이 썼으나 전하지 않는다. 전남 유형 문화재 91호.

지눌의 사상과 교종·선종 통합 노력

지눌이 특별히 주목받는 이유는 단지 결사 운동을 통해 불교계의 개혁을 주도했기 때문만은 아닙니다. 불교 수행을 위한 이론을 정리하여 사상사적으로 남다른 성과를 남긴 점 또한 지나칠 수 없지요.

그의 수행 이론은 '정혜쌍수(定慧雙修)'와 '돈오점수(頓悟漸修)'로 집약됩니다. 정혜쌍수란 '정'과 '혜'를 함께 닦는다는 것이니, 곧 마음을 고요하게 한 가운데(정), 명상을 통해 사물의 참된 모습을 찾아가는 것(혜)을 말합니다. 돈오점수는 내 마음이 부처의 마음임을 깨닫고(돈오), 그 바탕에서 계속 수행해 나감으로써 실제로 부처의 경지에 이르는 것(점수)을 말합니다.

이와 함께 지눌은 선종과 교종의 통합을 이루어 냅니다. 이 일은 고려 전기부터 불교계의 과제였지요. 이미 의천이 시도했다가 실패로 끝난 적이 있지요. 그렇다면 지눌의 통합 운동이 의천과 다른 점은 무엇일까요? 의천의 통합은 정치적 힘으로 사람들을 모은 것이었어요. 겉으로는 합친 것처럼 보였지만, 구심점인 의천이 죽은 뒤 바로 깨지고 말았지요. 사람을 모아도 내용을 합치지 못하면 제대로 유지될 수 없다는 사실을 잘 보여 준 예입니다.

이에 대해 지눌은 이론적인 통합을 모색합니다. 곧 당시 교종의 중심인 화엄종 이론과 선종의 수행이 다르지 않다고 본 것이지요. 이것은 의천이 화엄종 입장에서 선종을 비판하며 억압적인 방법으로 통합하려 한 것과는 다른 모습입니다. 지눌에 의해 교종과 선종은 진정한 통합을 이룰 수 있는 토대를 얻으니, 우리 나라의 대표적 불교 교단인 조계종은 여기에 뿌리를 두고 있답니다.

참선을 통해 깨달음에 이르는 선종 수행법

교리 탐구를 통해 깨달음을 얻는 교종 수행법

인각사 보각국사탑
보각국사 일연의 부도로, 탑
비와 함께 보물 428호로 지
정되어 있다. 인각사는 일연
이 말년에 《삼국유사》를 저
술한 곳으로 알려져 있다.
현재 남아 있는 터는 사적
374호로 지정되어 있다.

빛을 잃어 가는 불교계

고려 사회는 원나라의 지배를 받으면
서 많은 변화를 겪습니다. 불교계는 어
땠을까요? 아쉽게도 이전의 개혁 성향
을 많이 잃어버리고 다시 세속적 성격
이 강해집니다. 수선사에서 16국사를
배출했다는 것 자체가 왕실의 전폭적
인 지원을 받았음을 의미하지요. 문벌
가문은 여전히 원찰을 세워 관리하고
있었고요.

사찰 가운데에는 거대한 농장을 경영
하면서 고리대와 상업 활동을 통해 많
은 재산을 모으는 곳도 있었습니다. 이
과정에서 주인이 있는 토지를 강제로
차지하거나 법을 무시하고 많은 이자
를 받는 따위의 여러 비리와 폐단도 생겼습니다. 이 때문에 불교계
는 부패의 온상으로 지목되어 신흥 사대부들에게 강한 비판을 받게
됩니다(184쪽 '배불론' 참고).

원 간섭기 이후 대표적인 승려로는 일연과 보우를 들 수 있습니
다. 《삼국유사》의 저자로 더 잘 알려진 일연은 충렬왕 때 국사가 되
었습니다. 그는 국왕의 지원 아래 당시 불교계를 주도했지만, 한편
으로는 서민층의 신앙에 대해서도 많은 관심을 가졌지요. 그가 젊었
을 때부터 자료를 모아 나이 들어 펴낸 《삼국유사》는, 서민들의 삶과

신앙을 풍부하게 담고 있어 우리 고대사를 연구하는 데 귀중한 자료로 쓰입니다.

보우는 중국에 유학을 다녀온 뒤 공민왕의 지원을 받으며 불교계를 이끌었습니다. 신돈이 집권했을 때 잠시 밀려나기도 했지만, 그가 몰락한 뒤 다시 복귀하여 국사에 책봉되었지요. 그가 중국에서 배워 온 간화선*은 뒷날 불교계의 이론적인 밑바탕이 되었습니다. 이 때문에 그는 조선 시대 이후 불교계를 이끄는 조계종의 출발로 평가되기도 합니다.

태고사 원증국사탑비와 탁본
원증국사 보우의 탑비와 그 탁본의 일부이다. 공민왕 때 불교계를 주도한 보우는 현 조계종의 출발로 평가된다. 보물 611호. 원증국사탑은 보물 749호이다.

간화선(看話禪)
화두를 통해 깨달음을 추구하는 새로운 선종 수행법.

아! 그렇구나 송광사 티베트 문서의 수수께끼

전라 남도 순천시에 있는 송광사는 지눌의 수선사가 있던 곳으로 귀중한 문화재가 많이 소장되어 있다. 국보 56호인 국사전과 그 안에 있는 보물 1043호 16국사 진영을 비롯하여 많은 전각과 서적, 고문서가 문화재로 지정되어 있다.

그런데 이 문화재들 가운데 도무지 해독할 수 없는 문서 한 장이 있었다.

원감국사 충지 진영
원감국사 충지는 송광사 16국사 중 6세이다. 문장에도 뛰어나 《동문선》에 그의 글이 여러 편 실려 있다.

한자도 아니고 이상하게 생긴 문자가 적혀 있는데, 최근 티베트 문자로 밝혀졌다. 왜 이 문서가 송광사에 전해졌을까? 그리고 그 내용은 무엇일까? 그에 대해서는 다음과 같은 이야기가 전한다.

수선사의 16국사 중 여섯 번째인 원감국사 충지는 충렬왕의 명령으로 원나라에 다녀온 일이 있었다. 이 때 원의 세조 쿠빌라이가 원감국사의 여정을 보호하도록 지시한 문서를 주었다. 원감국사는 이 문서를 가지고 돌아와 송광사에 보관했는데, 이것이 바로 수수께끼의 문서이다.

요즘으로 치면 일종의 신원 보증서인데, 내용은 세 부분으로 구성된다. 첫 번째는 문서 소지자에 대한 내용이다. 이 사람이 누구이고 어떤 지위에 있는지를 보증한 부분이다. 두 번째는 본문에 해당

하는 것으로, 소지자가 누릴 수 있는 편의나 권리를 제시한 부분이다. 세 번째는 이 문서를 발급한 사람에 대한 내용이다.

그렇다면 왜 이런 내용이 한자가 아니라 티베트 문자로 적혀 있을까? 당시 원나라는 티베트 문자를 받아들여 한자와 함께 사용했다. 아직 한자 문화에 충분히 적응되지 않은 상태라 티베트 문자로 문서를 만든 것이라 이해된다.

이 문서는 그 성격이 밝혀진 뒤 2003년 6월에 '송광사 티베트 문 법지'라는 이름을 얻었고 보물 1376호로 지정되었다.

송광사 티베트 문 법지 충렬왕의 명으로 원나라에 갔다가 귀국하는 충지에게 원나라 세조가 그의 여정을 보호하기 위해 발급한 문서로 알려져 있다. 보물 1376호.

성리학의 도입과 확산

새로운 학문, 성리학이 들어오다

중국 송나라 때 형성된 성리학이 우리 나라에 들어온 것은 고려가
원나라의 지배 아래 있을 때입니다. 물론 이전에도 도입된 흔적이
보이지만, 학문으로서 체계를 갖추는 것은 이 때에 이르러서이지요.

원나라는 남송까지 정복한 뒤 성리학을 국가
차원에서 장려하여 한족의 저항을 누그러뜨
리고자 했습니다. 그러다 보니 성리학은 철
학적 탐구보다 국가 경영을 위한 학문으로
굳어집니다. 이것이 고려에 들어온 것이지
요. 따라서 성리학은 처음부터 체제 정비를
위한 학문으로 인식되었고, 그래서 개혁을
추진하는 세력에게 빠르게 흡수됩니다.

성리학 도입에 공헌한 사람으로는 안향과
백이정을 꼽을 수 있습니다. 안향은 주자를
흠모하여 유학 교육을 일으키기 위해 힘썼지
요. 그가 성리학을 들여왔다는 뚜렷한 기록
은 보이지 않으나, 그의 활동이 토대를 닦았
음은 분명합니다.

백이정은 충선왕을 따라 원나라로 들어가
10년 동안 머물렀는데, 그 때 충선왕이 세운

만권당에서 조맹부 등 유명한 원나라 학자들과 사귀며 성리학을 공
부했습니다. 주자가 지은《사서집주》를 비롯해 성리학 관련 서적을
구해 와 펴내기도 합니다. 이 일은 고려에
성리학이 널리 퍼지는 데 아주 큰 역할을
합니다.

고려의 성리학은 이제현과 이색에 의해
활짝 꽃핍니다. 백이정에게 배운 이제현은

익재 영정 익재 이제현은 성리학이 고려에 뿌리내리도록 토
대를 닦은 인물이다. 이 초상화는 1319년(충숙왕 6) 이제현이
충숙왕을 모시고 원나라에 갔을 때 그린 것이다. 국보 110호.
익재 이제현의 글씨

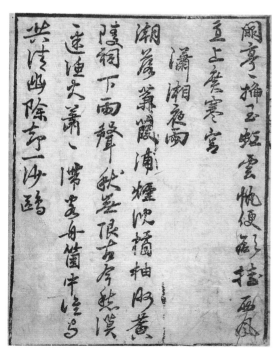

높은 정치적 명성을 발판으로 제자를 길러 내며 성리학 확산에 기여
합니다. 그에게 배운 대표 인물이 이곡·이색 부자입니다. 이들은
모두 원나라에 들어가 공부했으며 그 곳의 과거 시험에 합격할 정도
로 학문 수준이 높았습니다.

특히 이색은 성균관에서 제자 양성에 힘써 성리학을 본격적으로
공부한 학자들을 많이 배출합니다. 고려
말 학자로서 이색의 영향을 받지 않은
사람이 없다고 해도 지나치지 않을 정도
이지요. 대표 인물로 정도전, 권근, 정몽
주 등을 꼽을 수 있습니다.

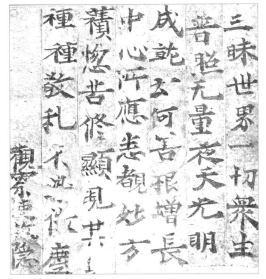

목은 영정 목은 이색은 많은 제자를 길러 성리학 확산에
공헌했다. 그의 초상화 원본은 전하지 않으며, 조선 후기에
그린 이모본(원본을 그대로 베껴 그린 그림) 몇 점이 전한다.
이색의 글씨

유교적 예제가 보급되다

고려는 처음부터 유교 이념을 받아들여 정치적으로 활용했고, 국가 차원의 윤리와 예제*에도 유교가 영향을 끼쳤습니다. 그러나 일반적인 윤리와 예제는 전통을 바탕으로 불교적인 내용을 보탠 것이었지요. 조상에 대한 제사가 일반적이지 않았고, 부모 제사도 대개 절에서 치렀습니다. 그런데 성리학이 들어온 뒤 유교적 윤리와 예제가 사회에 널리 퍼지기 시작합니다.

유교적 예제 보급에 바탕이 된 것은 《주자가례》입니다. 주자의 실천 사례를 정리한 이 책은 가문 단위에서 행해야 할 유교 윤리와 예제를 담고 있습니다. 성리학과 함께 들여와 유학자들에게 큰 영향을 미쳤지요. 이 때 보급되기 시작한 대표적인 예제가 삼년상과 여묘입니다.

삼년상은 부모님이 돌아가셨을 때 3년(실제로는 만 2년) 동안 상복을 입는 것으로, 《주자가례》에는 그 기간 동안 실천해야 하는 예제들이 자세히 적혀 있습니다. 여묘는 상복을 입는 동안 부모님의 묘소 옆에 움막을 짓고 묘소를 돌보며 지내는 행위로 '시묘살이'라고도 합니다. 따라서 그 기간도 3년이지요.

삼년상이나 여묘는 고려 중기부터 사례가 보이지만 일반적이지는 않았습니다. 부모님이 돌아가셨을 때는 100일 만에 상복을 벗었으며, 불교식으로 화장을 치르는 경우가 많았기 때문에 여묘 또한 흔하지 않았지요. 고려 말 성리학자들은 이런 관행이 잘못된 것이라 비판하고, 삼년상과 여묘를 반드시 지켜야 한다고 생각하며 실천하기 위해 애씁니다. 그 결과 지배층부터 시작해서 서서히 확대되지

예제(禮制)
각종 의례와 격식에 관한 법 또는 제도를 통틀어 일컫는 말이다.

만, 일반 서민에게도 영향을 미치며 사회적으로 뿌리내리는 것은 조선 중기 이후입니다. 목화 씨를 들여온 것으로 유명한 문익점이 여묘할 때, 옆을 지나던 왜구들도 그의 효성에 감동하여 해치지 않았다는 일화는 유명합니다.

또한 고려 말에는 집집마다 조상의 신주를 모시고 제사를 올리는 가묘도 등장합니다. 가묘는 조선 후기로 가면 양반 집안에서는 없어서는 안 되는 시설이 되지요. 하지만 살 집마저 부족했던 서민층에게는 보급되지 못합니다.

불교를 멀리하라! – 배불론

여러분은 혹시 '억불숭유'라는 말 들어 보았나요? 조선이 내세웠던 국가 정책인데, '불교를 억압하고 유교를 숭상한다'는 뜻이지요. 고려는 불교를 숭상한 나라였으니 이 정책에는 고려를 부정한다는 뜻이 담겨 있습니다. 고려 말 불교를 극단적으로 배척한 현상, 곧 배불론(排佛論)에 뿌리를 두고 있지요. 그렇다면 배불론이 어떤 내용인지 알아볼까요?

성리학 도입은 정치적으로도 중요한 의미가 있었습니다. 신흥 사대부들이 전개한 개혁 운동의 이념적 기반이 되었기 때문이지요. 그 가치관이나 논리를 이용하여 개혁 방향을 세운 것입니다. 몽골의 원나라를 부정하고 한족 왕조인 명나라에 대한 사대를 내세운 것도 그 가운데 하나입니다.

사회적으로는 불교계를 개혁 대상으로 지목했습니다. 사찰을 중

아! 그렇구나   문익점과 효자비

아마도 초등 학교 고학년 정도 되면 누구나 문익점을 알 것이다. 또 문익점 하면 목화를 떠올릴 것이다. 그런데 그와 관련된 사적으로 효자비 또한 빠지지 않는다.

문익점의 고향은 지금의 경상 남도 산청군 이다. 이 곳에 살던 그는 어머니가 돌아가시 자 묘소 옆에 움막을 짓고 살았다. 이런 여묘 는 아직 널리 보급되지 않은 형편이었다. 한 창 왜구가 들끓던 시절, 그가 살던 마을에도 왜구가 들이닥쳤다. 마을 사람들이 모두 피난 을 갔으나 문익점은 묘소를 지키며 곡을 했 다. 이 광경을 본 왜구 지휘관은 "효자를 해치 지 말라"는 내용을 나무판에 써 놓고 돌아갔 고, 그 덕에 이 지역은 왜구의 피해를 피할 수 있었다고 한다.

이 이야기를 전해 들은 조정에서는 1383년 (우왕 9), 그의 효성을 알리고 기리기 위해 마 을 이름을 '효자리'로 부르게 하고, 마을에 '효자리(孝子里)'라고 새긴 비석을 세웠다.

목화를 처음 재배한 곳에는 지금 기념관이 있다. 그 마당 한쪽에 비각이 있는데, 여기에 '효자리(孝子里)'라고 새겨진 두 개의 비석이 서 있다. 원래의 비석은 없어지고 나중에 다

시 새긴 것들이다. 하나는 1920년대에, 다른 하나는 근래에 새로 새겼다. 다만 두 비석이 함께 비각 안에 있어 그 모습을 자세히 살피 기 어렵다.

경주 효자 손시양 정려비 경주의 효자 손시양이 부모의 묘에 서 3년 간 여묘한 행적을 기리는 비석으로 1182년(명종 12)에 세웠다. 앞면에는 효자가 난 마을이라는 뜻으로 '孝子里(효자 리)'라고 적었고, 뒷면에는 효자의 행적을 정리했다. 보물 68호.

佛氏雜辨 三峯集卷之五

奉化 鄭道傳 著

佛氏輪迴之辨

人物之生生而無窮乃天地之化運行而不已者也
原夫太極有動靜而陰陽生陰陽有變合而五行具
於是無極太極之眞陰陽五行之精妙合而凝人物
生生焉其已生者往而過未生者來而續其間不容
一息之停也佛之言曰人死精神不滅隨復受形於
是輪迴之說興焉易曰原始反終故知死生之說又
曰精氣爲物游魂爲變先儒解之曰天地之化雖生
生不窮然而有聚必有散必有生必有死能原其始而
知其聚之生則知其後之必散而死也
得於氣化之自然初無精神寄寓於太虛之中則知
其死也與氣而俱散無復更有形象尚留於冥漠之
內又曰精氣爲物游魂爲變天地陰陽之氣交合便
成人物是塊然精魄歸于天體魄歸于地便是變了精
氣爲物是合精與氣而成物精魄歸于地
變則是塊魄相離游散而變變非變之變既是
變則堅者腐存者亡夏無物也天地間如烘爐雖生

심으로 형성된 불교적 사회 질서가 온갖 폐단의 근원이라고 지적했지요. 이것은 농장 경영이나 고리대 같은 경제적 부작용에 대한 비판을 넘어 불교 이념 자체를 공격하는 것으로 나아갑니다.

이전까지 불교와 유교는 큰 마찰 없이 공존해 왔습니다. 불교가 윤리와 종교 측면을 담당했다면, 유교는 정치 이념 측면을 담당하여 서로 충돌할 일이 적었지요. 유학자가 불교를 믿고 승려가 유교 소양을 갖추는 경우도 많았습니다. 또 지식인으로서 유학자와 승려 사이에 활발한 교류가 있었음은 물론이고요. 그러나 성리학자들은 유교를 윤리와 사회 이념으로 확대하면서 성리학과 불교를 확실히 구분하려고 합니다.

신흥 사대부 가운데에서도 이색 같은 온건파는 개혁에 동의하면서도 불교 자체를 부정하지는 않았습니다. 그러나 급진파는 불교를 믿는 것이 오히려 나라를 망치는 지름길이라고 비난했지요. 특히 정도전은 〈불씨잡변〉이라는 글에서 불교의 이론까지 조목조목 따지며 공박했습니다.

급진파 사대부가 불교를 맹렬히 공격한 이유는 무엇일까요? 그것은 불교가 고려 사회를 떠받치며 고려 사람들의 정신 세계에 영향을 미쳐 왔기 때문입니다. 고려 왕조를 근본부터 개혁하기 위해서는 불교에 대한 강한 부정이 필요했지요. 결국 고려 말의 배불론은 사상 운동이라기보다는 정치 운동에 가깝다고 할 수 있습니다.

그러나 일부 세력의 극단적인 배불론에도 불구하고 불교는 당시 사람들의 신앙이자 정신 문화로 유지됩니다. 조선이 건국되고 정치적으로는 억불을 표방했지만, 왕실이나 민간에서 명맥을 유지하며 전통 문화의 한 축을 이루었지요. 세종이 훈민정음을 창제한 뒤 부처의 공덕을 기린 〈월인천강지곡〉을 지은 것도 이런 배경에서 나왔습니다.

막연하게 '조선 시대에는 불교를 억압하고 유교를 숭상하는 정책을 폈다'라고 아는 데서 벗어나 이러한 시대 배경이 깔려 있다는 사실, 잘 기억해 둘 필요가 있겠지요?

새로운 역사 계승 의식이 싹트다

《삼국유사》가 《삼국사기》와 다른 점

《아! 그렇구나 우리 역사》 3권(고구려 편)에는 김부식의 《삼국사기》
와 일연의 《삼국유사》가 설명되어 있습니다. 주로 역사서로서 각각
의 의미와 특징을 다루었지요. 여기에서는 두 책을 비교하는 관점에
대해 이야기하고자 합니다.

충렬왕 때 편찬된 《삼국유사》는 《삼국사기》와 함께 우리 나라 고
대사를 연구하는 데 가장 중요한 자료입니다. 이 때문에 두 역사서
를 곧잘 비교하곤 하지요. 《삼국유사》는 전통 문화에 대한 관심이 높
고 자주적 성향을 띤 역사서인 반면, 《삼국사기》는 중국 문화에 심취
하여 자신의 전통을 소홀히 한 사대적인 역사서라고 보는 경우가 많
습니다. 긍정적 평가와 부정적 평가가 대비되지요.

사실 두 책은 많은 차이가 있습니다. 먼저 《삼국사기》는 왕명에 따
라 공식 편찬된 관찬(官撰) 사서인 반면, 《삼국유사》는 개인의 관심
에 따라 역사를 정리한 사찬(私撰) 사서라는 점을 지적할 수 있습니
다. 보통 대수롭지 않게 지나치곤 하지만, 실상 두 책의 성격을 근본
적으로 규정짓는 중요한 요소이지요.

관찬 사서는 편찬 원칙에 비추어 필요하다고 판단되는 자료만 정
제된 문장으로 정리합니다. 특히 여러 사람이 함께 작업에 참여하기
때문에 어느 개인의 일방적인 생각을 담기는 어렵지요. 다시 말해
당시를 이끈 지배층의 공통된 생각을 반영하는 역사서입니다. 따라

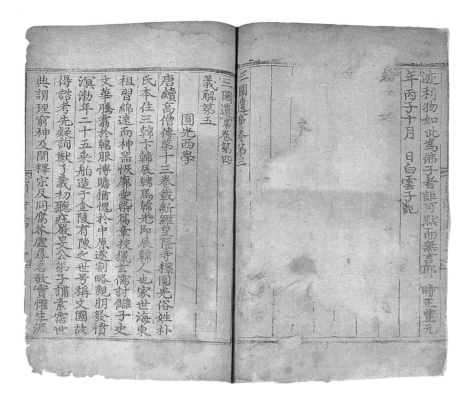

삼국유사
일연이 《삼국사기》에 빠진 내용을 수집 정리한 책이다. 신화와 전설, 서민들의 신앙을 풍부하게 담고 있다.

서 김부식이 《삼국사기》 편찬에 중요한 구실을 했다 하더라도 그것을 그의 개인 저술처럼 생각해서는 안 됩니다.

반면 사찬 사서는 그러한 제약 없이 저자 취향대로 자유롭게 정리합니다. 물론 개인 저술이라 해도 당시 사람들의 생각이 담겨 있겠지만, 관찬 사서에 비하면 개인의 시각이 강하게 반영되지요. 따라서 관찬 사서에는 들어갈 수 없는 내용도 많이 포함시킬 수 있습니다.

편찬 목적도 다릅니다. 《삼국사기》는 고구려·백제·신라 세 나라를 대상으로, 주로 국왕의 활동이나 유교 관점에서 후대 통치에 귀감이 될 만한 사적을 정리했습니다. 삼국 이전의 역사가 빠지고 불교에 관한 내용이 부실한 것은, 편찬 목적에 비추어 본다면 어쩌면 당연한 결과이지요. 서민층의 이야기가 들어갈 수 없는 것도 물론이고요. 이것은 김부식이 사대적인 인물이어서 그렇게 된 것이 아니거니와, 그런 사실들을 없애려고 그런 것이라 보기도 어렵습니다.

오히려 《삼국사기》는 정해진 범위 안에서는 전통 문화를 배려한 흔적이 보입니다. 거서간이나 이사금 같은 신라 국왕의 칭호를 그대로 적은 것이 대표적인 보기입니다. 후대의 유교 사서에서는 이것을 모두 '왕'으로 고쳤다는 사실을 짚고 넘어갈 필요가 있습니다.

일연은 불교 신앙에 관심을 가지고 자료를 모으면서 전통 신앙이나 신비한 사적 등도 함께 정리했습니다. '삼국유사'라는 이름은 바로 《삼국사기》에 빠진 것들을 정리한다는 의미를 띠지요. 전설이나 야사, 기적 등은 통치와 상식 차원에서는 받아들이기 어렵지만, 종교와 신앙 차원에서는 얼마든지 수용할 수 있습니다. 그래서 《삼국유사》에 많이 수록된 것입니다.

지금 우리에게 고대사의 다양한 모습이 전해 오지 않는 것은 분명 아쉬운 일입니다. 하지만 그것은 그런 내용을 담은 책들이 전하지 않기 때문이지 《삼국사기》의 책임은 아닙니다. 《삼국사기》가 고의적으로 그런 내용들을 없애 버렸다고 보는 것은 더욱 바람직하지 않고요. 《삼국유사》는 그런 부족함을 조금이나마 채워 주어 빛이 나는 것이지요. 그것을 굳이 《삼국사기》와 비교해서 평가할 필요는 없지 않을까요?

《제왕운기》는 어떤 책인가

고려 후기의 역사서라면 대개 《삼국유사》를 떠올리는데, 이와 함께 빼놓을 수 없는 책이 《제왕운기(帝王韻紀)》입니다. 1287년(충렬왕 13)에 이승휴가 지은 이 책은 역사를 소재로 한 서사시입니다. 앞에서 말한 이규보의 〈동명왕편〉과 비슷하지요. 상·하 두 권으로 되어 있는데, 상권에서는 중국의 역사, 하권에서는 동국, 곧 우리 나라의 역사를 다루고 있습니다.

　《제왕운기》는 두 가지 점에서 눈길을 끕니다. 하나는 중국 역사와 우리 역사를 함께 다루었다는 점이지요. 당시가 원 간섭기였음을 볼

삼척 두타산 이승휴 유적지
고려 후기의 학자 이승휴가 은거하던 곳이다. 이승휴는 이 곳에서 《제왕운기》를 저술했다. 사적 421호.

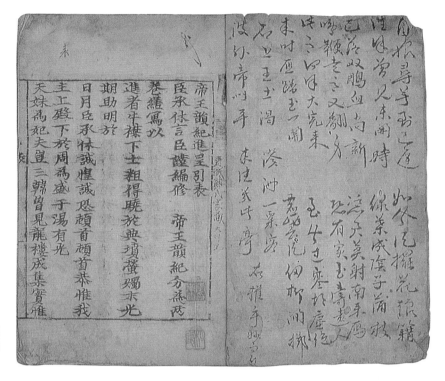

제왕운기
중국과 동국의 역사를 노래한 서사시로, 동국 역사의 출발을 단군에서 찾고 있다.

때, 고려는 원나라가 주재하는 천하의 일원이라는 의식을 반영한 것이라 해석됩니다.

다른 하나는 동국 역사를 단군에서부터 시작했다는 점입니다. 단군을 우리 역사의 출발로 본 것이지요. 그것은 동시에 중국과 구별되는 동국 전통에 대한 확인이라 할 수 있습니다.

결국 《제왕운기》는 고려가 원나라의 일원임을 인정하면서도 불개토풍의 원칙에 따라 독자적인 전통을 유지한 당시 역사 의식을 잘 반영한다고 하겠습니다.

단군 신화가 역사서에 실린 의미

잘 알려진 대로 《삼국유사》 첫머리에는 고조선 건국 신화인 단군 신화가 실려 있습니다. 또 《삼국유사》보다 조금 뒤에 쓰여진 《제왕운기》에도 단군에 대한 내용이 있습니다. 우리는 여기서 고려 후기 사람들이 자기 역사의 시작을 단군의 고조선에서 찾았음을 알 수 있습니다. 지금 우리 민족의 역사가 단군에서 시작되었다는 생각은 바로 여기에서 비롯했지요.

그렇다면 이 때에 와서 비로소 단군 신화를 역사서에 수록했다는 것은 무엇을 뜻할까요? 바로 역사 계승 의식이 새롭게 형성되고 있었음을 보여 주는 것입니다. 이전까지는 우리 역사가 삼국으로 나뉘어 출발했다고 이해했지요. 신라가 삼국을 통일한 뒤에도 생각은 바뀌지 않았고, 그것은 결국 후삼국 분열로 나타났습니다.

고려 역시 고구려를 계승한 나라임을 내세우며 등장했습니다. 그러나 고려는 점차 삼국 모두를 계승했다는 생각으로 바뀌어 나갑니다. 《삼국사기》는 그러한 의식을 보여 주는 역사서입니다. 고려 1권에서 이미 설명했는데, 기억나지요?

하지만 그 뒤에도 우리 역사가 삼국으로 나뉘어 출발했다는 생각이 완전히 없어진 것은 아니었습니다. 무신 정권 때 지방에서 발생한 반란 가운데 신라나 백제의 부흥을 외치는 경우가 있었다는 내용, 역시 기억나지요?

이에 비추어 단군과 고조선이 역사서 첫머리에 실렸다는 사실은 삼국이 아닌, 그보다 앞서 건국된 고조선을 역사의 출발로 보았음을 의미합니다. 역사 계승 의식에 큰 변화가 나타난 것이지요.

그 차이가 잘 느껴지지 않나요? 그럼 이렇게 생각해 보세요. 본디 역사의 출발이 고조선이라고 한다면, 그 다음 시기의 삼국은 원래 하나였다가 셋으로 나뉜 셈이지요. 그리고 고려의 통일은 나뉘었던 것을 다시 하나로 합친 것이고요. 이렇게 보면 역사의 출발을 삼국으로 나누어 보는 생각은 의미가 없어지겠지요? 따라서 다시 나뉘어야 한다는 삼국 부흥 운동도 힘을 가질 수 없게 됩니다.

역사서에 실리기 전에도 고려 사람들은 단군에 대해 알고 있었습니다. 다만 단군을 산신 혹은 신선이라 생각하여 민간 신앙의 대상으로 여길 따름이었지요. 원 간섭기에 들어 비로소 단군은 고조선과 함께 역사로 자리매김된 것입니다.

왜 이 때에 와서 이런 변화가 나타나기 시작했을까요? 그것은 고려가 원나라의 지배를 받게 된 것과 무관하지 않습니다. 사람은 누

《삼국유사》 가운데 단군 신화를 정리한 부분

구나 사정이 어려워지거나 다른 사람한테 억압받으면 '나는 누구인가'라는 의식이 높아지게 마련입니다. 국가와 민족도 마찬가지로 외세의 지배와 억압을 받을 때 자신의 역사 전통에 대해 활발히 탐구하는 법이지요. 이는 예나 지금이나 크게 다르지 않습니다.

특히 고려는 원나라의 지배를 받으면서도 불개토풍의 원칙에 따라 전통을 유지했습니다. 자연스레 원나라에서 들어오는 제도나 문물과 대비되어 고유한 문화와 역사가 부각될 수밖에 없었지요. 그 결과 고조선의 역사와 단군 신화를 다시 보게 되고, 이를 우리 역사의 출발로 정리한 것입니다.

그리고 여기서 한 걸음 더 나아가 고려의 역사적 전통이 중국과 대등하다는 생각을 지니게 되었습니다. 단군 신화에는 단군의 고조선 건국이 중국 요 임금이 즉위한 지 50년 되는 해라고 설명한 부분이 있습니다. 이 부분은 원래부터 신화에 있던 내용으로 보기는 어렵고, 고려 후기에 새로 만든 것이라 추정됩니다. 요 임금은 중국 역사의 출발에 해당하므로, 두 나라 역사가 거의 같이 출발했다는 생각이지요. 나중에는 아예 단군이 요 임금과 함께 즉위했다는 생각도 나타납니다.

이후 동국의 역사는 고조선에서 출발했다는 인식이 굳어졌습니다. 모든 사람이 우리 나라가 세 나라가 아닌, 고조선이라는 한 나라에서 시작되었다는 점을 당연한 사실로 받아들이게 되었지요. 뒷날 이성계가 새로 세운 왕조에 '조선'이라는 나라 이름을 사용한 이유를 이해할 수 있겠지요?

아! 그렇구나

고려의 단군 신앙과 마니산 참성단

단군이 고조선을 건국한 사람이고, 고조선이 동국 역사의 출발이라고 이해하기 전, 고려 사람들은 단군을 어떻게 생각했을까? 그들은 단군을 평양 지역에 있었던 '선인(仙人)'이라 불렀다. 단군 신화 내용에는 "단군이 뒤에 산신이 되었다"는 대목이 있는데, 이는 이전에 단군을 선인이라고 생각한 데서 비롯한 것이다.

《삼국사기》〈고구려 본기〉 동천왕 21년(247) 기록을 보면, "평양은 선인 왕검이 살던 곳이다"라는 설명이 있다. 또한 1131년(인종 9) 묘청이 평양에 새로 궁궐을 지은 뒤 건립한 팔성당(8명의 신성한 존재를 모시는 건물)에는 '구려평양선인(駒麗平壤仙人)'이 들어 있다. 평양 선인은 바로 단군 왕검을 가리킨다. 12세기 당시 사람들이 단군 왕검에 대해 알고 있었다는 증거이다.

그런데 왜 단군 왕검을 단지 선인으로만 이해했을까? 무엇보다 단군이 세운 고조선이 자신의 역사라는 의식이 없었기 때문이다. 신비한 사적을 담고 있어 사람들 사이에 신앙의 대상이 되었지만, 민간에 전하는 여러 신앙 대상 가운데 하나일 뿐이었다. 나중에 고조선 건국에 주목하면서 단군은 신앙 대상을 넘어 역사의 출발이라는 커다란 상징성을 지니게 된 것이다.

한편 강화도 마니산(마리산) 정상에는 참성단(塹城壇)이 있다. 단군의 사적으로 알려진 이 곳은 《고려사》〈지리지〉에 단군이 하늘에 제사하던 곳이라 설명되어 있다. 요즘도 전국 체육 대회가 열리면 이 곳에서 성화를 채화할 만큼 상징적 의미가 남다른 곳이다. 하지만 참성단을 정말 단군이 쌓은 것으로 볼 수는 없다. 그렇다면 참성단은 언제 누가 쌓은 것일까? 이 곳이 왜 단군의 사적으로 알려졌을까?

참성단은 '참성의 제단'이라는 뜻이다. 몽골과의 전쟁이 막바지에 이르던 1259년(고종 46), 고종은 마니산 아래에 궁궐을 지으면 나라의 운세를

마니산 참성단 강화도 마니산 정상에 있는 제단 유적이다. 단군이 하늘에 제사지내던 곳이라 전하지만 본디 도교에서 초제를 지내던 곳으로 추정된다. 사적 136호.

연장할 수 있다는 말을 듣고 이 곳에 이궁(離宮 : 국왕이 잠시 거처하기 위해 만든 별궁)을 지은 일이 있다. 또 비슷한 시기에 마니산 참성에서 왕이 직접 초제(醮祭 : 도교에서 비롯된 의식으로, 하늘의 별자리에 지내는 제사)를 지내면 몽골에 친조하지 않아도 될 것이라는 말이 있었다.

우리는 여기서 강화 천도 때 참성단이 만들어졌을 것이며, 본디 초제를 지내던 제단이었음을 짐작할 수 있다. 실제로 조선 초기에도 이 곳에서 초제를 행한 적이 있다. 이 곳을 단군이 제사하던 곳으로 기록하게 된 연유는 분명하지 않지만 일단 이렇게 생각해 볼 수 있다.

고려 후기 사람들은 단군을 동국 역사의 출발로 생각하면서 그에 관한 사적을 찾았을 것이다. 《삼국유사》는 단군이 하늘에서 내려온 태백산이 지금의 묘향산이라 했고, 나라를 세운 아사달이 개성 동쪽에 있다는 등의 설을 소개했다. 모두 단군의 사적을 찾는 작업에서 나온 것들이다. 물론 물증을 통해 확인된 게 아니라 당시 사람들의 생각 속에서 만들어졌다고 보아야 한다.

신화에 따르면 단군은 하늘에서 내려왔다. 당연히 하늘에 제사를 지냈을 터이고, 어딘가에 그 제단이 있을 것이라 생각했다. 초제를 지냈던 마니산의 제단을 보고 그 곳이 본디 단군의 제단이라고 생각하게 된 것이다. 이것이 조선에 들어와 사실로 굳어져 《고려사》에 기록된 것이다.

5

온 나라가 함께 누리는 다양한 문화

예술과 과학 기술

시와 글로 우러난 고려 문학

지배층의 상징 – 한문학

고려에서 관리로 출세하려면 글 솜씨가 좋아야 했습니다. 외교 문서
나 갖가지 국왕의 명령을 작성하는 데 문장력 있는 사람이 필요했거
든요. 과거 시험에서도 문장을 시험하는 제술업이 가장 중시되었지
요. 문벌 출신이야 음서로 관직에 나아갈 수 있으니 크게 걱정할 필
요가 없었지만, 자기 능력으로 출세하려는 사람에게 뛰어난 문장력
은 큰 무기였습니다.

이러한 여건 속에 고려에서는 많은 문장가가 나왔습니다. 남아 있

무신 정권기의 문학을 이야기할 때 빠지지 않는 것이 '가전체 문학'입니다. 들어 본 적 있나요? 풀이한다면 '가상으로 만든 전기'라는 뜻이지요. 주변의 물품들을 사람처럼 가장하여 전기 형태로 이야기를 적은 글을 말합니다. 유명한 예로는 술을 주인공으로 한 임춘의 〈국순전〉과 이규보의 〈국선생전〉, 돈을 주인공으로 한 임춘의 〈공방전〉 등이 있지요.

그렇다면 무신 정권기에 가전체 문학이 유행한 이유는 무엇일까요? 물건에 빗대어 어지러운 사회를 비판하거나 세태를 맘껏 비꼴 수 있었기 때문입니다. 감히 권력이나 사회를 직접 비판하기 어려운 시절이었으니까요. 출세를 단념하고 술과 시를 벗하며 지내야 하는 사람들에게 가전체 문학은 답답한 가슴을 풀어내는 방법이었던 것입니다.

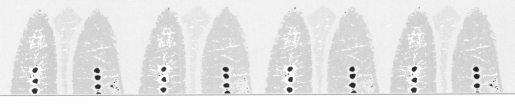

는 문집이 많지 않아 풍부한 내용을 접할 수는 없지만, 그 속에서도 특별히 눈에 띄는 인물이 이규보입니다. 그는 고려 최고의 문장가로 꼽히지만, 처음에는 재주를 썩히며 불우한 시절을 보내야 했지요. 뒤늦게 권력자 최우의 총애를 받으며 영화를 누리게 됩니다. 그는 특히 짧은 시간에 시를 짓는 데 능숙하여 뭇사람의 감탄을 자아냈고, 여러 행사에 필요한 문장을 도맡아 지었습니다.

최우는 이규보가 늙자 그 동안 그가 지은 글을 모아 《동국이상국집》이라는 문집을 발간해 주었습니다. 지금까지 전해지는 이 문집에 수록된 글들은 역사 연구에도 귀중한 자료가 된답니다. 한 예로 1234년에 지은 《상정고금예문》 발문에는 글자를 주조하여 책을 찍어 냈다는 구절이 있어 금속 활자의 존재를 짐작케 합니다. 이는 현재 가장 오래된 금속 활자본으로 알려진 《직지심경》보다 앞선 것으로, 고려의 금속 활자가 일찌감치 발달했음을 알려 줍니다.

〈동명왕편〉이라는 시 들어 보았지요? 이규보가 젊었을 때 《구삼국사》라는 역사책에서 고구려 시조 동명왕의 신비한 이야기를 읽고 감명받아 쓴 서사시이지요. 문학적으로 뛰어날 뿐만 아니라 고구려 시조 설화를 자세히 전하고 있고, 또 《삼국사기》보다 앞서 삼국 시대의 역사를 정리한 책이 있었음을 알려 주는 등 자료 가치가 높습니다.

무신 정권기에는 이규보말고도 많은 문장가들이 활동했습니다. 《파한집》을 지은 이인로, 《보한집》을 지은 최자를 비롯하여 임춘, 최해 등이 뛰어난 시와 문장을 남겼습니다. 하지만 이들이 모두 이규보처럼 부귀영화를 누린 것은 아니었습니다. 임춘처럼 평생 불우하게 산 사람도 있지요. 그는 시를 짓는 재능이 뛰어났으나 과거 시험에서 번번이 떨어졌습니다. 결국 출세를 단념하고 몇몇 벗들과 함께 초야에 묻혀 시와 술로 세월을 보내다가 일생을 마쳤습니다.

능력만으로는 출세하기 어려운 세상이었지요. 오죽하면 이규보도 오랫동안 관직을 얻지 못하자 재상에게 편지를 써 자신의 능력을 알아 달라고 청탁까지 했을까요? 이규보가 누린 영화 뒤에는 임춘처럼 불우한 일생을 보내야 했던 사람들이 많았음을 지나쳐서는 안 될 것입니다.

이규보

역사 속에는 보는 시각에 따라 평가가 엇갈리는 인물이 더러 있는데, 이규보도 그 가운데 한 명이다. 이규보의 젊은 시절은 무신 정권이 들어서고 전국적으로 농민의 난이 발생하던 시기였다. 그는 과거에 급제한 뒤 잠시 지방에서 관직 생활을 했으나, 중앙의 변변한 관직조차 얻지 못해 실의에 찬 나날을 보내야 했다.

자신의 능력에 자신감 넘치던 이규보는 시를 통해 당시의 혼란한 사회를 비판했으며, 역사에 대한 관심을 서사시 〈동명왕편〉에 담아내기도 했다. 이러한 모습은 그를 의식 있는 지식인으로 보게 한다. 그리고 그의 작품은 무신 정권 초기의 사회를 이해하는 데 많은 도움을 준다. 이 역시 그를 높이 평가하는 요인이다.

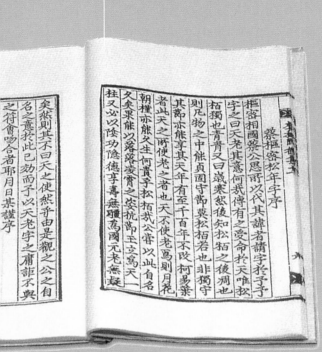

동국이상국집 고려의 대표적인 문장가 이규보의 문집. 지금까지 전하는 고려 시대 문집 중 가장 방대하며 사료 가치도 높다. 53권 14책.

그러나 장년기 이후 이규보는 많이 달라졌다. 고관들에게 편지를 보내며 관직을 구하던 중 최우의 눈에 들어 출세 길에 들어섰다. 그는 최우의 권력을 감싸고 찬양하는 글을 지었고, 몽골과 전쟁을 치르는 동안에도 강화도에서 부귀한 삶을 누리며 이를 시로 읊었다. 권력에 기대 영화를 누린 그의 모습을 좋게 보기는 어렵다.

그렇다면 우리는 이규보를 어떻게 평가해야 할까? 평가에 앞서 한 가지 염두에 두어야 할 점이 있다. 평생 고정된 인간은 없다는 것, 다시 말해 모든 인간은 살면서 달라지게 마련이라는 점이다. 이규보는 한 사람이지만 그의 모습은 시간 속에서 다양하게 나타난다. 이것을 하나로 묶어 평가하는 것이 과연 적절할까?

의식 있는 젊은 지식인과 권력에 기댄 늙은 문장가. 분명 모두 이규보의 모습이다. 어느 한 쪽으로만 바라보며 다른 것을 덮거나 버릴 수는 없다. 물론 그가 젊은 시절의 의식을 버리고 권력의 길을 선택한 것에 대해서는 비판하지 않을 수 없다. 그렇다고 그의 젊은 시절을 무의미하다고 볼 수는 없지 않을까? 두 모습 가운데 하나를 선택하고 그것만으로 이규보를 평가한다면, 우리는 이규보의 많은 부분을 잃어버리게 될 것이다.

이규보의 묘(위) 인천 광역시 강화군 길상면 소재. 인천 기념물 15호.
이규보의 글씨

역사 속의 인간은 있는 그대로를 이해해야 한다. 선인이라고 평가하면 모든 것을 좋게 보려 하고, 악인이라고 평가하면 모든 것을 나쁘게 보려는 습관은 버려야 한다. 물론 개중에는 상식의 눈으로는 도저히 좋게 볼 요소가 없는 사람도 있지만, 대부분의 사람은 어느 한편으로 단정하기 어려운 법이다. 특히 격동하는 역사 속에서 흔적을 남긴 사람들은 선악이 섞인 경우가 많다. 그것을 억지로 나누고 어느 하나로 몰아 버리면, 역사를 공부하는 의미 자체가 없어진다.

그럼 이규보를 어떻게 이해하는 것이 적절할까? 무엇보다도 무신 정권이라는 체제 안에서 이규보가 지식인으로서 어떻게 행동해 나갔는가를 찬찬히 따라갈 필요가 있다. 그래야 역사 속의 인간에 대한 이해가 깊어질 수 있고, 여러분이 성장하여 역사를 이끌어 갈 때 어떻게 선택하고 행동해야 하는지를 스스로 깨달을 수 있을 테니까.

고려 사람들의 삶과 애환이 담긴 고려 가요

우리 고유의 문자가 없던 예전에는 중국의 한자를 빌려 사용했습니다. 그러나 한자는 글자마다 뜻이 있고, 말의 순서도 실제 우리가 사용하는 것과 달랐어요. 이런 문제를 보완하기 위해 신라에서는 한자의 음이나 뜻을 이용하여 우리말을 적었습니다. 이두와 향찰이 여기에 속하는데, 원리는 동일하지만 쓰임새는 차이가 있습니다. 이두는 주로 한문으로 된 본문에 토를 달아 이해를 돕는 데 쓰였습니다. 이두를 빼도 한자만으로 문장이 성립하지요. 반면 향찰은 모든 내용을 우리말처럼 변형시켜 쓴 것입니다. 한자와 이두처럼 구분되지 않아 이두보다 해독하기 어렵지요.

향찰은 노래 가사를 적는 데도 이용되었는데, 이런 노래를 '향가'라고 합니다. 여러분도 들어 보았지요? 신라 때 시작된 향가는 고려에 들어와서도 명맥을 이어 갑니다. 광종 때 승려 균여가 지은 〈보현십원가〉가 향찰로 되어 있지요.

그러나 과거 제도가 시행되고 교육이 확대되면서 지배층은 주로 한문으로 시와 문장을 지었습니다. 한문을 자유롭게 구사하는 것이 곧 지배층 문화의 상징으로 여겨졌으니까요. 자연히 향가는 점차 쇠퇴하다가 자취를 감춥니다. 예종이 태조를 구하고 전사한 신숭겸과 김낙을 애도하며 지었다는 〈도이장가〉가 향찰로 적은 마지막 사례입니다.

대신 고려 사람의 서정을 담은 노래가 만들어집니다. 이를 보통 '고려 가요'라 하는데, 형식상 크게 두 갈래로 나뉩니다. 하나는 한문을 많이 쓰되 전통적인 운율을 살린 것입니다. 후렴구에서 공통으로 '경기'라는 말이 들어가서 흔히 '경기체가'라고 부르지요. 무신 정권기에 만들어진 〈한림별곡〉이라는 노래에서 시작되었다고 보며, 조선 시대에 널리 창작된 시조가 여기에서 나왔다고도 합니다.

다른 하나는 서민층에서 만들어 부른 노래인데, 흔히 '속요'라고 합니다. 어려운 한문 표현이 많지 않고 내용 또한 사랑과 슬픔, 소망 등 삶에 배어 있는 감정을 솔직하게 그려 냈지요. 그 가운데 대표적인 작품으로 꼽는 것이 〈가시리〉와 〈청산별곡〉입니다. 아마 여러분도 제목 정도는 들어 보았을 겁니다.

"가시리 가시리잇고 나는 ᄇᆞ리고 가시리잇고"로 시작되는 〈가시리〉는 임과 헤어지는 안타까운 마음을 애절하게 노래한 것이고, "살어리 살어리랏다 청산에 살어리랏다"로 시작되는 〈청산별곡〉은 어지럽고 고달픈 세상에서 벗어나고픈 마음을 담은 노래입니다.

속요는 대개 입에서 입으로 전해지다가 조선 초기 훈민정음이 창제된 뒤 문자로 정착되어 《악장가사》, 《시용향악보》 같은 노래집에 실렸고, 그것이 지금까지 전합니다. 그런데 속요 가운데에는 남녀 간의 사랑을 솔직히 표현한 작품도 많았어요. 이러한 가사는 근엄하고 절제된 생활을 추구하는 유학자들의 눈 밖에 났고, 결국 노래집에도 실리지 못했습니다. 당시 사람들의 삶을 이해할 수 있는 귀중한 자료가 전해지지 않는 것, 참 안타까운 일입니다.

신앙 속에 피어난 불교 예술

선의 아름다움 - 목조 건물

근대 이전의 건물은 주로 나무로 기둥과 골조를 세우고 기와를 얹은 목조 건물이었습니다. 고려 시대도 마찬가지로 궁궐과 관공서, 지배 층의 주택은 모두 목조 건물이었지요. 물론 일반 농민의 집은 초가 나 움막이 많았겠지만요.

고려의 목조 건물에서 특히 눈에 띄는 것은 사찰 건물입니다. 불 교를 받드는 고려에서는 전국 곳곳에 많은 사찰을 지었고, 각 사찰 에는 법당을 비롯한 여러 전각들이 들어섰습니다. 이들이 모두 목조 건물이었지요.

그러나 목조 건물은 주재료인 나무가 비바람에 삭고 벌레에 약하 기 때문에 오래가기 어렵습니다. 나무를 잘 말리는 등 보존 처리를 해서 유지 기간을 늘리기도 하지만, 그렇다고 몇 백 년을 이어 갈 수 는 없지요. 특히 불에 아주 약해 전쟁이나 화재를 만나면 잿더미로 변하기 일쑤였습니다. 그러다 보니 고려의 목조 건물은 대부분 자취 를 감추었어요.

그나마 다행스럽게 몇몇 건물이 남아 그 멋을 전해 주는데요, 경 상 북도 안동에 있는 봉정사 극락전이 우리 나라에서 가장 오래된 목조 건물입니다. 1972년 보수 공사 때 1368년(공민왕 17)에 건물 일 부를 수리했다는 기록을 발견했지요. 목조 건물은 보통 100여 년 정 도 흐르면 보수 공사를 하므로 처음 이 건물이 세워진 시점은 13세

기 중반까지 올라갈 수 있습니다.

한편 경상 북도 영주에 있는 부석사 무량수전은 1916년 보수 때 1376년(우왕 2)에 중창*했다는 기록이 나와 건립 연도를 알게 되었습니다. 고려 목조 건물의 정수를 보여 주는 이 건물은 장식이 화려하지 않으면서도 섬세한 구성과 세련미를 보여 줍니다. 또 부석사 조사당은 부석사를 창건한 신라 의상대사의 초상을 모신 곳인데, 소박하면서 단정한 느낌을 주는 건물이지요. 그리고 충청 남도 예산에 있는 수덕사 대웅전은 1308년(충렬왕 34)에 지은 것입니다.

이 참에 무량수전을 중심으로 목조 건물의 구성을 알아보고 그 멋을 느껴 볼까요?

봉정사 극락전
지금까지 전하는 우리 나라 목조 건물 가운데 가장 오래된 것이다. 13세기 중반에 지은 건물로 추정한다. 경상 북도 안동시 서후면 소재. 국보 15호.

중창(重創)
낡거나 무너지거나 혹은 없어진 건물을 다시 짓는 것을 말한다.

용마루

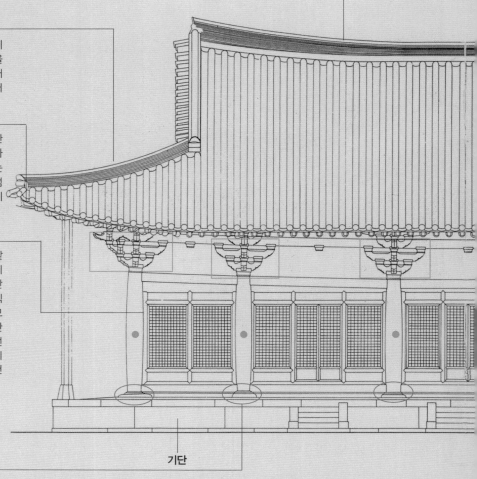

안허리
지붕 선에서 중간 부분이 약간 휘어 들어간 모습을 말한다. 직선으로 곧바로 내려오는 것보다 세련미를 더해 준다.

앙곡
처마 선이 양 끝에서 약간 위로 들린 곳을 말한다. 처마 선이 수평이면 우리 눈에는 양 끝이 아래로 처진 것처럼 보인다. 앙곡은 이것을 방지하고 멋을 더한 기법이다.

안쏠림
수직선에 대비해 보면 바깥 기둥들은 약간 안쪽으로 기울어진 형태인데, 이것을 '안쏠림'이라 한다. 기둥을 수직으로 세우면 역사다리꼴 모양으로 위가 바깥으로 나간 듯 보이는데, 안쏠림은 이런 현상을 방지하는 절묘한 기술이다. 이런 기술 덕에 건물이 안정된 느낌을 준다.

기단

지붕 선이 아름다운 무량수전(가운데) 화려함이나 위엄이 느껴지지 않고 정겨우며, 주변 경관과 어우러져 섬세함과 정교함을 마음껏 보여 준다.
주춧돌(초석=주초석) 지붕의 무게 때문에 기둥이 땅으로 밀려 들어가는 것을 막아 준다. 대개 자연석을 쓰지만 돌을 다듬거나 문양을 넣기도 한다.

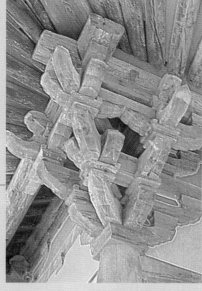

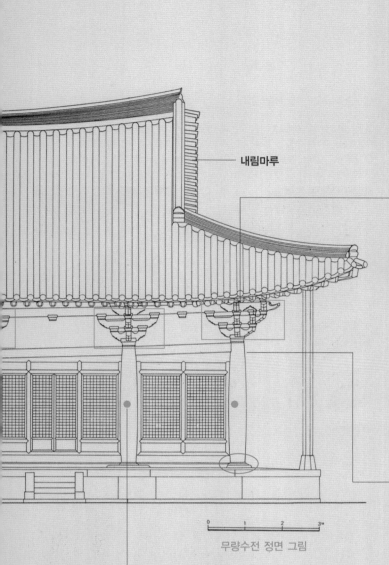

내림마루

0 1 2 3ᴹ

무량수전 정면 그림

공포 처마 밑에서 지붕의 무게를 기둥이나 벽으로 전달해 주는 부속이다. 역삼각형 모양의 나무판 여러 개가 서로 교차하며 몇 겹 쌓여 있는 모습이다. 공포가 기둥 위에만 놓인 것을 주심포 양식이라 하고, 기둥 사이 벽면 위에도 놓인 것을 '다포 양식'이라 한다. 주심포 양식은 단정한 느낌, 다포 양식은 화려한 느낌을 주는데, 무량수전은 주심포 양식에 속한다. 고려 말 이후로는 주로 다포 양식의 건물이 만들어졌다. 사진은 무량수전의 귀(모서리) 공포이다.

귀솟음
지붕 아래에 나란히 서 있는 기둥을 같은 높이로 하면 양쪽 기둥은 아래로 처져 보인다. 이를 방지하기 위해 모서리 기둥은 다른 기둥보다 약간 높게 세우는데, 이것을 '귀솟음'이라 한다. 귀솟음은 무게가 가장 많이 쏠리는 모서리 기둥이 내려앉는 것에 대비하는 의미도 있다.

배흘림 기둥 기둥은 지붕을 떠받치는 구실을 한다. 위아래보다 가운데가 불룩하게 튀어나온 기둥을 배흘림 기둥이라 하는데, 건물의 안정감과 세련미를 더해 준다. 사진은 무량수전의 배흘림 기둥이다.

'가구(架構)'란 어떤 것인가요?

기둥만으로 지붕의 무게를 지탱해야 한다면 기둥을 많이 세워야 하는데, 그러기에는 비용도 많이 들 뿐더러 공간을 확보하는 효율도 떨어진다. 그래서 기둥 수를 줄이는 대신 기둥과 지붕 사이에 다시 여러 부속들을 짜 맞춰 넣어 무게를 효과적으로 기둥에 전달케 하는데, 이러한 부속들을 통틀어 '가구'라고 한다. 가구 가운데 '보'와 '도리'가 가장 기본이다.

무량수전 내부의 보
'보'란 목조 건물 천장 아래에 큰 기둥이 가로 질러 놓인 것을 말한다. 큰 건물에서는 보의 크기도 더 커지고, 그 위에 다시 작은 보가 놓이기도 한다. 이 경우 아래의 큰 보를 '대들보', 위의 작은 보를 '종보'라고 한다. 대들보는 건물의 무게를 떠받치는 중심이 되는데, 여기서 '집안의 대들보'라는 말이 나왔다.

도리
도리는 보와 수직 방향으로 놓이며, 지붕의 서까래를 받치는 구실을 한다. 도리는 밖으로는 처마 아래로 지나는 것부터 안으로는 지붕 마루 선 밑에 놓이는 것까지 여러 가지가 있다.

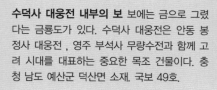

수덕사 대웅전 내부의 보 보에는 금으로 그렸다는 금룡도가 있다. 수덕사 대웅전은 안동 봉정사 대웅전 , 영주 부석사 무량수전과 함께 고려 시대를 대표하는 중요한 목조 건물이다. 충청 남도 예산군 덕산면 소재. 국보 49호.

세월을 이겨 낸 아름다움 – 석탑

여러분은 절에 갔다가 탑을 본 적이 있을 것입니다. 하지만 탑이 어떤 의미를 담고 어떤 기능을 하는지 제대로 아는 사람은 그리 많지 않습니다. 너무 친숙한 만큼 소홀히 생각한 것은 아닌지요?

탑은 본디 부처의 사리를 모신 시설입니다. 부처가 열반한 뒤 그 몸에서 나온 사리를 탑에 봉안해 놓고 부처를 기리는 상징물로 삼았지요. 그러니까 지금처럼 불상에 절하지 않고 사리를 안치한 탑에 절을 한 것입니다.

우리 나라에서는 불교가 들어온 삼국 시대부터 탑을 만들었습니다. 그런데 신라의 탑이 경상도, 특히 도읍이었던 경주 일원에 집중된 반면, 고려의 탑은 전국 각지에 골고루 분포합니다. 왜 그럴까요?

신라의 불교 문화가 왕경(도읍)에 제한된 반면, 고려에서는 그 문화가 전국으로 확산되었기 때문이지요. 신라 말부터 지방 사회가 역사의 전면에 나서기 시작했고, 고려는 이들을 기반으로 건국되었습니다. 그 결과 지방 사회도 중앙에 못지않은 문화를 누리게 되었지요. 지방 사람 스스로의 힘으로 사찰을 건립하고 탑을 세우는 등 왕성한 신앙 활동을 벌입니다.

이러한 보기로 예천 개심사 터 5층 석탑과 칠곡 정도사 터 5층 석탑을 들 수 있습니다. 개심사 터 탑은 1010년(현종 1)에 이 지역 향도들이 모여 탑을 건립했다는 기록이 탑 한쪽에 새겨져 있습니다. 또한 정도사 터 탑은 1031년(현종 22)에 주민들이 대대적으로 참여하여 세운 것임을 정리한 문서가 함께 남아 전합니다. 당시 지방 문화의 힘을 알 수 있는 대목이지요. 지금 전국에 남아 있는 고려 시기 탑들은 바로 그 힘에서 나온 문화 유산이지요(고려 1권 176쪽 이후 참고).

여기에서 잠시 탑의 기원과 종류에 대해 알아보고 갈까요?

부처의 사리를 봉안하던 탑은 처음에는 봉분, 그러니까 무덤 형태였습니다. 탑은 당시 인도 말로 '스투파' 또는 '투파'라고 했는데, 이것을 한자로 옮겨 '탑파(塔婆)', 줄여서 '탑'이라고 했습니다. 또 다른 인도 말로는 '파고다'가 있는데, 원각사 터 탑이 있는 서울 탑골 공원의 예전 이름이 파고다 공원이었답니다.

시간이 흐르면서 탑에도 여러 변화가 나타납니다. 먼저 사리를 모시는 시설이 건물 형식을 갖추면서 나무 혹은 벽돌로 세우게 되지요. 또 불상을 모신 금당(법당)이 신앙의 중심 공간이 되면서 탑은 원래의 기능을 잃게 됩니다. 대신 사찰을 장식하는 기능이 두드러지지요. 이러한 변화로 재료와 양식에 따라 목탑, 전탑, 석탑, 모전 석탑등 여러 양식이 생겨납니다.

'목탑'이란 탑을 목조 건물 형태로 만든 것을 말합니다. 이 점에서 금당과 차이가 없지만 사리를 안치하느냐, 불상을 모시느냐에 따라 구분합니다. 겉에서 볼 때 대개 여러 층으로 되어 있는데, 실상 지붕만 여러 층일 뿐 그 속은 꼭대기까지 비어 있습니다. 바닥 중앙에 사리를 모시는 시설이 있지요.

우리 나라 목탑 가운데 경주 황룡사 터 9층 목탑이 유명하지만, 몽골과 전쟁을 치를 때 불타 버려 터만 남아 있습니다. 요즘 들어 컴퓨터 그래픽으로 본디 모습을 추정하여 복원하기도 했지요. 지금까지 남아 있는 목탑으로는 17세기에 만들어진 속리산 법주사의 팔상전이 유일합니다. 전라 남도 화순에 있는 쌍봉사 대웅전도 본디 목탑

이었는데, 1984년 화재로 없어졌다가 근래에 복원했습니다.

목탑은 오래가지 못하고 불에 약하다는 단점이 있지요. 그래서 일찍이 벽돌 문화가 발달한 중국에서는 탑을 벽돌로 쌓기도 했습니다. 이런 탑을 '전탑'이라고 하지요. 우리 나라에서는 벽돌을 널리 사용하지 않아 전탑이 흔치 않습니다. 경상 북도 내륙 지방에 몇 개의 전탑이 전하는 정도인데, 그 가운데 안동 신세동 전탑이 가장 빼어난 자태를 보입니다.

대신 우리 나라는 어디에서나 쉽게 구할 수 있는 돌을 사용하여 '석탑'을 많이 만들었지요. 전국 곳곳에 있는 탑은 거의 석탑이라고 보아도 지나치지 않을 정도입니다. 초기에는 목탑을 많이 본떴으나

법주사 팔상전
우리 나라에 남아 있는 유일한 목탑이다. 임진 왜란으로 불탄 것을 1626년(인조 4)에 다시 지었다. 건물 벽면에 팔상도(부처의 일생을 여덟 장면으로 표현한 그림)가 있어 팔상전이라는 이름이 붙었다. 국보 55호.

쌍봉사 대웅전
본디 목탑인데 1984년 화재로 타 버렸으나 근래에 복원했다. 사진은 복원된 모습이다. 전라 남도 화순군 이양면 소재.

안동 신세동 전탑(왼쪽)
신라 통일기의 전탑으로 높이
가 17미터에 이른다. 우리 나라
에서 가장 규모가 큰 전탑이
다. 경상 북도 안동시 소재. 국
보 16호.

정암사 수마노탑
고려 시대의 대표적인 모전 석
탑. 회록색의 석회암으로 전탑
을 본떠 만들었다. 강원도 정
선군 고한읍 소재. 보물 410호.

점차 석탑만의 독특한 양식으로 발전합니다. 이 양식은 지역과 시기
마다 조금씩 다른 모습을 보이는데요, 석탑에 대해서는 뒤에서 따로
살펴보기로 하지요.

한편 석탑 가운데에는 돌을 벽돌처럼 깎아 만든 경우가 있습니다.
생긴 것은 전탑인데, 실제 재료는 흙을 구워 만든 벽돌이 아니라 돌
이지요. 이런 것을 '모전 석탑'이라고 합니다. 신라의 모전 석탑으로
는 경주 분황사 터 탑이, 고려 시대의 것으로는 강원도 정선에 있는
정암사 수마노탑이 잘 알려져 있습니다.

아! 그렇구나 석탑 속에는 무엇이 들어 있나

규모가 작은 탑은 몸돌(옥신석)이 하나의 돌로 되어 있어 조형물 이상의 의미가 없지만, 규모가 큰 것은 대개 둘레에 돌판을 세워 조립했다. 당연히 안은 비어 있다. 여기에는 사리와 비슷한 상징물로 작은 불상이나 탑을 넣기도 하고, 금속 용기에 불경이나 문서를 넣어 두기도 한다.

세계 최고의 목판 인쇄물로 알려진 〈무구정광대다라니경〉은 1966년 불국사 3층 석탑을 수리하기 위해 해체했을 때 그 안에서 나온 것이다(5권 신라 편 7장 참고). 정도사 터 5층 석탑의 건립 과정을 적은 문서도 탑 안에 넣은 그릇에 담겨 있었다. 박물관에서 볼 수 있는 작은 불상이나 금속으로 만든 탑들은 거의 석탑 안에서 나온 것들이다. 하지만 대부분 예전에 도굴되었던 것들이라서 본디 어디에서 나온 것인지 알 수 없다.

또 석가탑에서 함께 나온 다른 종이 덩어리를 최근 마무리했는데, 고려 전기에 탑을 보수한 내용을 정리한 문서로 밝혀졌다.

개성 불일사 5층 석탑에서 나온 금동 9층 탑(왼쪽)
균형미가 빼어날 뿐만 아니라 제작 수법 또한 매우 섬세하다.
높이 36.3센티미터.

탑에서 나온 소형 탑
출토지 모름. 높이 13.5센티미터

우리 나라에서 석탑은 불교가 들어온 삼국 시대부터 만들어졌다. 처음에는 목탑이 만들어졌으나 점차 석탑이 자리잡는다.

고구려 석탑은 아쉽게도 현재 전하는 것이 없어 그 면모를 알기 어렵다.

백제 석탑은 목탑 양식을 충실히 표현하고 있다. 석탑의 초기 형태를 보여 주는 미륵사 터 석탑은 많은 수의 돌을 다듬어 조립한 것으로, 기둥과 지붕, 벽면과 출입문 등에서 목탑의 모습을 여실히 볼 수 있다. 부여 정림사 터 5층 석탑은 백제 탑의 전형을 보여 주는 것으로, 좁고 낮은 기단 위에 5층 탑신을 올렸으며, 몸돌에 비해 지붕돌이 넓게 펼쳐져 있다.

신라에서는 처음에 전탑 혹은 모전 석탑이 만들어지다가 삼국 통일을 즈음해

익산 미륵사 터 석탑 백제 말기에 만들어진 것으로 추정된다. 배가 불룩한 기둥, 처마 끝을 살짝 치켜올린 지붕, 벽면과 출입문 등이 목탑을 연상케 해 우리 나라 석탑의 초기 형태로 본다. 본디 층수는 알 수 없으며, 현재 6층까지 한쪽 면만 남아 있는 상태이다. 국보 11호.

부여 정림사 터 석탑 좁고 낮은 기단 위에 5층 탑신을 올렸으며, 몸돌에 비해 지붕돌이 넓게 펼쳐져 있어 생동감이 느껴지는 등 백제 문화의 특성을 잘 보여 준다. 많은 수의 돌을 다듬어 조립했으며, 가운데가 불룩한 기둥이나 지붕 끝의 처마 선 등에서 미륵사 터 석탑을 계승 발전시킨 흔적이 보인다. 국보 9호.

서 신라의 전형 양식이 탄생한다. 불국사 3층 석탑에서 완성되었다고 평가하는 전형 양식의 특징은 다음과 같다.

첫째, 기단은 넓고 낮은 하층 기단과 높고 좁은 상층 기단의 2층으로 되어 있어 안정감을 준다. 둘째, 탑신은 대개 3층이며 2층의 기단과 비례적인 균형을 이룬다. 셋째, 지붕돌의 낙수면은 백제 탑의 양식을 따왔고, 옥개받침은 전탑 양식을 반영한다. 양식상 백제 탑과 신라의 전탑 양식을 결합한 것으로, 통일이라는 시대상을 반영하는 것으로 이해된다.

신라 후기에는 이전 양식을 유지하면서도 기단이나 몸돌 벽면에 불상이나 문양을 조각하기 시작했다. 반대로 균형감은 점차 떨어지는데, 이는 신라 말의 사

감은사 터 탑 동서에 위치한 두 개의 탑은 2층 기단에 3층 탑신이라는 신라 석탑의 전형 양식이 처음 나타난 사례이다. 옥개석의 낙수면은 백제 석탑의 기법을 연상시키고, 계단식으로 표현된 지붕받침은 전탑 양식에서 따왔다. 곧 통일 전 신라와 백제의 탑 양식을 조합한 것이라 할 수 있다. 국보 112호.

경주 불국사 3층 석탑 다보탑과 함께 서 있는 석탑으로 흔히 석가탑이라 부른다. 8세기에 만든 이 탑은 안정된 모습과 세련미를 보여 주어 신라 전형 양식의 완성으로 평가받는다. 바로 이 탑에서 세계에서 가장 오래된 목판 인쇄물 〈무구정광대다라니경〉이 발견되었다. 국보 21호.

회가 사치로 흐르면서 안정을 잃어 가는 분위기를 반영하는 것이다.

고려 시대에 들어서면서 석탑에 많은 변화가 생기는데, 요약하면 다음과 같다.

첫째, 석탑 건립이 전국으로 확대된다. 이는 신라와 달리 고려에서는 지방민이 중앙에 버금가는 문화적 힘을 갖추었음을 의미한다.

둘째, 초기에는 옛 백제 지역에서 백제 탑 양식을 이은 탑이 출현하는 등 지역성이 나타난다. 이는 후삼국 분열이라는 시대상과 맞물린 것으로 신라 통합의 한계가 문화적으로 반영된 결과로 해석된다.

셋째, 양식상으로는 2층 기단을 유지하면서도 지붕돌 받침 수가 5개에서 3~4개로 줄어들고, 기단 중간에 새겨진 기둥 수가 2개에서 1개로 줄어드는 변화를

양양 진전사 터 석탑 강원도 양양군 강현면 진전사 터에 있는 탑으로 통일신라 후기의 양식이다. 신라 전형 양식의 세련미에 장식이 등장하는 단계의 석탑이다. 아래층 기단에는 천인(天人) 모습을, 위층 기단에는 불교의 수호신인 8부 신중 모습을 새겼으며, 몸돌에는 여러 모습의 불상을 새겼다. 국보 122호

익산 왕궁리 5층 석탑 전라 북도 익산시 왕궁면에 있는 고려 초기의 탑이다. 정림사 터 5층 석탑의 양식을 충실히 재현하여 백제 탑의 지역성을 잘 보여 준다. 본디 목탑이 있던 자리에 석탑을 세운 것으로 추정한다. 국보 289호. 1965년 보수 작업 때 탑 안에서 발견된 유물들은 국보 123호로 지정되어 있다.

보인다. 이는 불교 문화가 지방으로 확산되면서 서민층으로 스며드는 과정을 보여 주는 것으로 해석된다.

　고려 후기에는 원나라 불교의 영향으로 새로운 양식의 탑이 나타난다. 기단과 몸돌 하층부는 '亞(아)' 자 모양을 하고, 그 위에 정사각형 모양의 상층부가 배치되고, 화려한 장식 표현이 두드러진다.

　조선 초기에는 고려의 석탑 양식이 이어졌으나, 국가 차원에서 불교를 억압함에 따라 석탑 조성도 점차 줄어든다.

광주 춘궁리 5층 석탑 신라 전형 양식에 비해 2층 기단을 유지하면서도 지붕돌 받침 수가 5개에서 3~4개로, 기단 중간에 새겨진 기둥 장식 수가 2개에서 하나로 줄어드는 변화가 보인다. 불교가 지방으로 퍼지면서 서민층의 문화로 스며든 영향을 반영한다. 보물 12호. 5층 석탑 옆에 있는 3층 석탑은 보물 13호.

경천사 터 10층 석탑 일제 강점기에 개성 경천사 터에서 일본으로 반출되었다가 경복궁으로 이전되었다. 현재 해체 복원하여 용산의 국립 중앙 박물관에 있다. 장식이 화려한 이 탑은 1층 몸돌에 1348년(충목왕 4)에 세웠다는 기록이 있어 원 간섭기에 건립된 것임을 알 수 있다.

아! 그렇구나 부도와 탑비, 기타 석조물

여러분에게 탑이란 말은 아주 친숙한 반면, 부도(浮屠)라는 말은 낯설지도 모르겠다. 그런데 사실 부도는 탑과 같은 의미를 담고 있다.

부도란 '붓다(Buddha)'라는 인도 말을 한자로 옮긴 것으로 '불타'와 같은 말이다. 곧 부처 혹은 부처의 상징인 불상과 탑을 가리킨다. 때로는 불교 자체를 가리키기도 한다.

그런데 오늘날 부도란 대개 승려의 사리를 안치한 시설을 말한다. 기능상 탑과 다르지 않거니와 우리가 부도라 부르는 시설의 본디 명칭도 실상 탑이다. 다만 일반적인 탑과 구별하기 위해 부도라 부르는 것이다.

우리 나라에 부도가 등장한 시기는 신라 말 고려 초이다. 왜 이 시기에 부도가 나타났을까? 이는 선종의 유행과 관계가 깊다. 고려 1권에서 본 것처럼, 선종은 경전에 의존하지 않고 스승한테 가르침을 받아 깨달음을 얻는다. 그만큼 스승과 제자의 관계가 무척 중요하다. 그래서 각 종파에서는 그 출발이 되는 고승의 사리를 모신 부도를 만들어 상징물로 삼았는데, 여기

여주 고달사 터 부도 부도의 주인공이 누구인지 분명하지 않다. 세련미가 돋보이는 고려 초기 팔각 원당형 부도의 대표적인 사례이다. 국보 4호.

에서부터 부도가 널리 퍼지게 된 것이다.

이 당시 만들어진 부도는 둥근 받침대 위에 팔각의 본체를 올려놓은 형태인데, 이런 양식을 '팔각 원당형'이라 한다. 규모가 크고 화려하여 예술적 가치가 높다. 고려 말에는 부도 양식이 단순해져 종 모양으로 변화한다. 이런 양식을 '종형'이라고 하는데, 돌로 만든 종이라는 의미로 '석종'이라 부르기도 한다. 조선 시대의 부도는 대부분 이 양식을 따른다.

법천사 지광국사탑 지광국사 해린의 사리탑이다. 일제 강점기에 강원도 원주시 법천사 터에서 일본으로 유출되었다가 반환되어 현재 경복궁에 있다. 사각형인 점이 특이하다. 국보 101호.

신륵사 보제존자 석종 고려 말 승려인 보제존자 나옹의 사리탑이다. 고려 후기 종형 부도의 대표적인 사례로 경기도 여주시 신륵사에 있다. 보물 228호.

고달사 원종대사 혜진탑비 귀부 및 이수 신라 말 고려 초에 활동한 원종대사의 탑비로, 경기도 여주시 고달사 터에 있다. 비의 몸체는 파손되어 경복궁 안으로 옮겼다. 귀부가 역동적이고 사실적인 느낌을 준다. 보물 6호.

오래된 사찰에 가면 절 어귀 한 곳에 모여 있는 부도들을 볼 수 있다. 이를 '부도밭'이라 하는데, 이 부도들은 대개 조선 후기 이후에 만들어진 것들이다.

한편 유명한 승려의 부도 옆에는 대개 '탑비(塔碑)'라고 하는 비석이 서 있다. 탑비에는 부도 주인공의 일대기를 적는데, 묘소 앞에 있는 '묘비'와 비슷한 의미를 지닌다. 고려 시대의 탑비들은 예술적으로 뛰어나고, 비 내용이 역사 연구 자료로서 가치가 높아 거의 문화재로 지정되어 있다.

탑비는 본체인 비신(비몸), 비의 받침대인 귀부(거북 받침돌), 그리고 비신 위에 얹는 이수(머릿돌) 등 세 부분으로 구성된다. 귀부는 거북 모양이라서 붙여진 이름이고, 이수는 여러 마리 용(또는 이무기)이 뒤엉킨 모습을 새긴 것이다. 거북은 장수를 뜻하고 용은 수호를 의미하니, 오래도록 보존되기를 바라는 마음을 표현한 것이다.

현화사 석등 본디 개성 현화사에 있던 석등으로 지금은 용산의 국립 중앙 박물관에 있다.

부석사 당간지주 경상 북도 영주시 부석사에 있는 당간지주이다.

비신은 파손되거나 없어지고 귀부 위에 이수만 얹힌 채 전하는 것들도 있다.

불교와 관련된 석조물에는 이 밖에도 몇 가지가 더 있다. 먼저 금당 앞에 불을 밝히는 석등이 있다. 불교에서 등불은 어두운 중생의 세계를 밝히는 부처의 지혜와 자비를 상징한다. 그래서 등불을 켜는 행위는 불교 신앙에서 매우 중요한 의미를 띤다. 지금도 연등회 때 많은 등불을 켜는 이유가 여기에 있다.

또 사찰 어귀나 터에 돌기둥 두 개가 서 있는 것을 종종 볼 수 있다. 이것을 '당간지주'라고 하는데, 기를 매다는 '당간'을 지탱하는 시설이다. 당간은 나무나 금속으로 만든 탓에 파괴되거나 도난당해 거의 없어지고, 돌로 만든 지주만 남은 것이다.

그렇다면 왜 사찰 앞에 기를 매달았을까? 요즘 관공서 게양대처럼 사찰의 존재나 성격을 보여 주는 구실도 하고, 행사가 있을 때 이를 알리는 기능도 했다.

부처의 자비를 담다 – 불상과 불화

고려 시대에는 사찰을 많이 지은 만큼, 참배 대상이 되는 불상도 많이 만들었겠지요? 꼭 사찰이 아니어도 다양한 형식의 불상을 많이 만들었습니다.

불상은 재료와 제작 방법에 따라 나무로 만든 목불, 돌로 만든 석불, 바위에 새긴 마애불, 구리로 주조하여 금박을 입힌 금동불, 철로 만든 철불, 그리고 진흙을 구워 만든 소조불 등으로 구분합니다. 이렇게만 설명하면 느낌이 잘 오지 않을 테니 비교적 잘 알려진 예를 사진과 함께 설명하도록 하지요.

목불은 나무로 만든 만큼 오래가지 못해 고려 시대 목불로 전하는 것은 아주 드뭅니다. 근래 '봉림사 목조 아미타불 좌상'이 고려 후기 이전에 만들어진 것으로 확인되었습니다. 조선 초기의 것으로는 '상원사 목조 문수동자 좌상'이 유명한데요, 1466년(세조 12)에 세조의 둘째 딸인 의숙 공주 부부가 발원하여 만든 것이라고 합니다.

석불로는 충청 남도 논산의 '관촉사 석조 미륵보살 입상'이 유명합니다. 높이가 18미터를 넘는 이 거대한 석불은 흔히 '은진미륵'이라는 이름으로 널리 알려져 있지요. 미륵이 아니라 관음보살이라는 주장도 있지만, 그 석불을 보며 구원받기를 기원하던 사람들에게는 미륵이든 관음이든 의미가 다르지 않았겠지요?

마애불로는 서울 북한산 자락에 있는 '북한산 마애 석가여래 좌상'을 들 수 있습니다. 10세기 즈음에 제작된 것으로 보이는 이 마애불은 높이가 5미터에 이릅니다. 굳이 유명한 것이 아니더라도 산을 다니다 보면 의외로 우리 주변에 마애불이 많다는 사실을 알게 될 것입니다. 아마 바위 속에 부처님이 깃들어 있다고 생각하고 구원을 기원하며 그 모습을 찾으려 한 것이 아닐까요?

금동불은 가장 화려하며 아름다움을 자랑하는 불상입니다. 금당에 안치하는 불상들은 주로 금동불인데, 화재나 철거, 도난, 해외 유출 등으로 인해 많이 남아 있는 편은 아니지요. 고려 시대의 작품으로는 전라 북도 고창의 '선운사 지장보살 좌상'이 유명합니다.

철불은 금속으로 만들었다는 점에서 금동불과 큰 차이가 없습니다. 고려에서는 신라에 비해 철불을 많이 만들었습니다. 왜일까요? 일본과 국교가 없어 금동불의 재료인 구리를 수입하기 어려웠기 때문이 아닌가 생각됩니다. 국립 중앙 박물관에 소장된 '춘궁리 철조 석가여래 좌상'이 널리 알려져 있지요.

소조불은 사례가 흔치 않은 편입니다. 나무로 골격을 세우고 진흙을 붙여 가면서 만든 불상으로, 경상 북도 영주 부석사에 있는 소조 여래 좌상이 대표적입니다.

❶ **봉림사 목조 아미타불 좌상** 1362년 이전에 만든 불상이다. 보물 980호.
❷ **관촉사 석조 미륵보살 입상** '은진미륵'이라고도 부른다. 보물 218호.
❸ **북한산 마애 석가여래 좌상** 고려 초기의 대표적인 마애불로 평가된다. 보물 215호.
❹ **선운사 지장보살 좌상** 고려 후기의 양식을 보여 주는 작품이다. 보물 280호.
❺ **춘궁리 철조 석가여래 좌상** 고려 초기의 작품으로 보인다. 보물 332호.
❻ **부석사 소조 여래 좌상** 무량수전 안에 모셔져 있다. 국보 45호.

송광사 목조 삼존 불감(위)
크기가 작으면서도 정교한
조각 솜씨를 보여 준다. 높
이 13센티미터, 국보 42호.
금동 3존불과 불감
왼쪽의 삼존불은 오른쪽 불
감 안에 있었다. 지붕은 우
진 각지붕. 높이 18센티미
터, 국보 73호.

불상 중에는 승려의 거처에 두거나 개인이 소장하기 위해 만든 것
도 있고, 탑 안에 넣기 위해 만든 작은 불상도 많습니다. 이 가운데
'불감'이라 하여 불상을 넣는 공간까지 함께 만든 경우도 있지요. 이
런 작품으로는 송광사에 있는 '목조 삼존 불감'과 간송 미술관에 소
장된 '금동 삼존 불감'이 유명합니다.

부처의 모습은 화폭에 섬세한 선이나 아름다운 색채로 그려 내기도 합니다. 이것을 통틀어 '불화(佛畵)'라고 일컫는데, 벽에 그리는 '벽화', 천이나 종이에 그려 벽에 거는 '탱화', 그리고 경전을 설명하기 위해 그려 넣는 '경화'로 나누기도 합니다.

고려의 전각들이 대부분 없어진 까닭에 지금까지 전하는 벽화는 극히 드문 형편입니다. 고려 후기 목조 건물의 하나인 부석사 조사당 벽화가 그 면모를 전할 따름이지요.

화폭에 그린 탱화는 여럿 전하는데, 안타깝게도 대부분 일본에 있습니다. 높은 미술적 가치를 알아채고 일제 강점기 이래 그들이 앞다투어 수집해 간 탓이지요.

고려 불화는 석가여래부터 관음

부석사 조사당 벽화 불교의 신인 사천왕과 제석천, 범천을 6면으로 나누어 그렸다. 1377년(우왕 3)에 조사당 건물을 세우면서 그렸을 것으로 생각된다. 현재는 벽면을 떼어 낸 뒤 무량수전으로 옮겨 보관하고 있으며, 이 사진은 원본을 그대로 모사한 것이다.

수월관음도 비단에 채색. 165.5×101.5센티미터, 일본 개인 소장.

보살, 지장보살 등 다양한 신앙 대상을 표현하여 종류가 많은데, 그 가운데 단연 으뜸으로 꼽히는 것은 〈수월관음도〉입니다. 관음보살의 자비로운 모습을 어린 동자와 대비하여 그린 이 그림은 탁월한 구도와 함께 화려하고 섬세한 묘사가 돋보입니다. 고려 불화의 수준을 한눈에 보여 주는 유명한 그림이지요. 현재 여러 작품이 전하지만 걸작들은 대개 일본에 건너가 있고, 우리 나라에는 몇 점 남아 있는 정도입니다.

한편 불경에는 그 경전의 내용을 알기 쉽게 전하기 위해 삽화처럼 그림을 넣는 경우가 있습니다. 일종의 판화 또는 소묘라고 할 수 있는데요, 이런 그림을 '변상도'라고 합니다. 화폭에 담은 탱화가 원색의 화려함을 한껏 드러낸다면, 경화의 일종인 변상도는 섬세한 선의 묘사로 감탄을 자아내지요.

불화의 특별한 예로 '괘불'이 있습니다. 걸어 놓는 불상이라는 의미로 불상과 불화를 겸한 것이라고나 할까요? 대개 밖에서 법회를

감지 금니 대방광불화엄경 주본 권46 변상도(부분) 14세기 작품으로 추정되는 사경에 수록된 변상도이다. 대방광불화엄경은 보통 '화엄경'으로 줄여 부르며, 부처와 중생이 하나라는 취지를 담고 있다. 사경은 통도사에 소장되어 있으며, 보물 757호이다.

부석사 영산회상 괘불 야외에 괘불을 걸어 놓고 죽기 전에 업을 씻는 예수제를 열고 있다.

가질 때 멀리서 볼 수 있도록 거대한 불상을 그려 설치하는 것입니다. 높이가 10미터 넘는 것들도 있지요. 현재 전하는 것들은 거의 조선 후기에 만들어졌지만, 불교 회화 연구 자료로 가치가 높아 문화재로 지정된 것이 많습니다.

넓은 마당에 괘불을 걸어 놓고 수많은 사람이 모여 법회를 가지는 광경을 연상해 보세요. 정말 대단했겠지요? '야단법석'*이라는 말이 여기서 나왔을 법하네요.

부처의 가르침을 전하다 – 불서와 사경

불교 신앙에서 불경을 제작하는 일은 부처의 가르침을 널리 알린다는 의미가 있어 중요한 공덕의 하나로 여겨집니다. 불경 제작 방식에는 두 가지가 있습니다. 하나는 이미 새겨 놓은 경판을 가지고 종이와 먹으로 찍어 내는 것입니다. 초조 대장경이나 속장경은 경판이 전하지 않지만, 이것으로 찍어 낸 불서가 일부 전합니다. 이런 불경은 지금처럼 책장을 넘기는 형태도 있지만 길게 이어진 두루마리 형태로 된 것이 더 많습니다.

다른 하나는 글씨를 잘 쓰는 사람에게 청하여 불경 내용을 베껴 쓰는 것입니다. 이것을 보통 '사경(寫經)'이라 하지요. 사경은 종이와 글씨의 재료에 따라 종류를 구분합니다. 종이는 흰 종이에 그대로 쓰는 경우, 푸른 물을 들여 쓰는 경우, 갈색 종이를 쓰는 경우가 있습니다. 이들을 각기 '백지', '감지', '상지'라고 부르지요. 글씨는 금가루나 은가루를 풀로 개어 쓰는 경우가 많은데, 이것을 각기 '금니'

야단법석(野壇法席)
말 그대로 풀이하면 야외에 단을 설치하고 행하는 불교 행사를 말한다. 사람이 모이다 보면 질서가 흐트러지고 시끄럽게 마련인데, 이 때문에 주변에 소동이 났을 때 야단법석이라는 말을 쓴다.

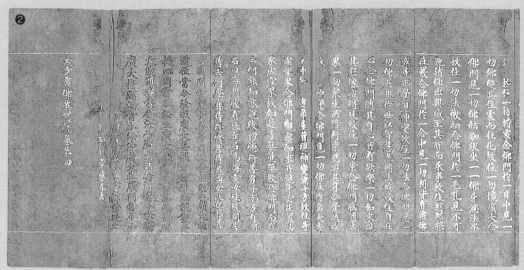

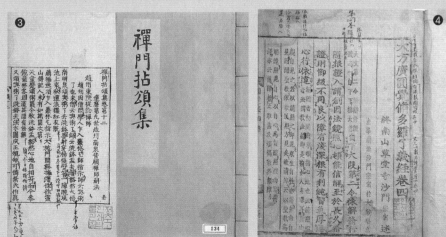

❶ **백지 묵서 묘법연화경 권7** 조선 태종 5년에 만든 것이다. 국립 중앙 박물관 소장. 보물 1137호.

❷ **상지 은니 대방광불화엄경 정원본** 고려 후기의 것으로 추정. 국립 중앙 박물관 소장. 보물 1137호.

❸ **선문염송집** 수선사 2세 사주 혜심이 지은 《선문염송집》 중에서 일부를 뽑아 정리한 책이다. 1246년(고종 33)에 처음 간행한 것을 1464년(세조 10)에 간경도감에서 다시 새겨 찍은 것으로 보인다. 보물 1142호.

❹ **대방광원각수다라료의경(일부)** 흔히 '원각경'이라 부르며, 보조국사 지눌에 의해 널리 유행되었다. 본서는 1465년(세조 11)에 간경도감에서 다시 새겨 간행한 것이다. 국립 중앙 박물관 소장. 보물 970호.

와 '은니'라고 합니다. 그냥 먹으로 쓴 것은 '묵서'라고 하지요. 여기에 해당 불경 이름을 붙여 사경의 이름을 정합니다.

금니나 은니로 쓴 사경은 제작비가 많이 들며 서예에 뛰어난 전문가가 담당했습니다. 고급 재료와 고급 기술이 어우러진 작품이지요. 그래서 주로 왕실이나 문벌에서 복을 빌기 위해 행했습니다. 7대 목종의 어머니인 천추 태후가 발원한 것이나 25대 충렬왕이 발원한 것이 대표적인 예입니다.

사경은 그 고급스러움 때문에 일제 강점기 이래 수집 대상으로 꼽혀 일본으로 흘러나간 것이 적지 않습니다. 국내에 남은 것들도 대개 문화재로 지정되어 있지요.

절에서 사용하는 물건 – 범종, 반자 따위의 불구

여러분은 절에 갔을 때 전각에 비치되어 있거나 법당 한쪽에 놓여 있는 범종을 많이 보았을 것입니다. 범종은 사찰 행사에서 빼놓을 수 없는 물건이지요. 범종말고도 불교 의식이나 사찰 생활에는 다양한 물건이 사용되었는데, 이런 것들을 통틀어 '불구'라고 합니다.

고려 시대에는 사찰이 많이 건립되고 불교 신앙이 지방 사람들에게 널리 퍼지면서 많은 불구가 만들어집니다. 사찰에서 자체 제작한 것도 있지만, 개인이 발원하여 제작한 뒤 절에 시주하는 경우도 많았지요. 이런 불구에는 대개 시주자의 이름과 제작 동기, 제작 시기, 소원 내용을 새깁니다. 때문에 이것들은 해당 불구가 만들어진 시기를 확인시켜 줄 뿐만 아니라 당시 사회와 문화를 이해하는 자료로도

활용됩니다.

불구는 종류가 많고 용도에 따라 세분해서 설명하기도 하지만, 여
기서는 박물관에서 쉽게 볼 수 있는 몇 가지만 소개하기로 하지요.

범종은 본디 그 소리를 듣는 이들이 번뇌에서 벗어날 수 있도록
한다는 신앙적 의미가 담겨 있습니다. 주로 행사나 시각을 알리는
구실을 하지요. 금고 또는 금구라고도 하는 반자는 쇠로 만든 북의
일종입니다. 군대에서는 신호용으로, 사찰에서는 범종처럼 신호나
의식용으로 사용하는 물건이지요.

사찰에서는 각종 의식에서 향을 피우기 때문에 이를 위한 용기도
만들었습니다. 향로 또는 향완이라고 하는 것이 여기에 해당합니다.
그 밖에 법당 안을 밝히기 위해 초를 꽂는 촉대, 승려가 의식 중에
흔드는 요령 등도 빼놓을 수 없는 불구입니다.

아! 그렇구나 부처님 배 안에는 무엇이 들었을까 - 복장 유물

석불이나 마애불을 제외하고 큰 규모의 불상은 대개 속이 비어 있다. 왜일까? 속을 다 채우면 비용이나 무게가 엄청나기 때문이다. 요즘 제작하는 동상도 다르지 않다. 그런데 불상을 만들고 나서 이 빈 공간을 그냥 두지 않았다. 그 곳에는 불경이나 작은 불상을 넣기도 하고, 때로는 개인의 소원을 비는 내용의 글을 넣기도 한다. 석탑 안에 작은 탑이나 불경 등을 넣는 것과 같은 원리이다. 이런 유물들을 '복장 유물'이라고 한다. 복장 유물을 넣는 작업은 경건한 의식으로 진행되었고, 이를 통해 불상은 경배의 대상으로 의미를 지니게 되었다.

여기서 나온 책과 문서, 의복 등은 고려 문화를 연구하는 데 매우 중요한 자료이다. 그러나 복장 유물은 도난당한 경우가 워낙 많아 온전히 전하는 것이 드문 실정이다. 남은 것도 그나마 조선 시대의 것이 대부분이다. 요즘 고려의 복장 유물이 가끔 소개되긴 하나 널리 알려지지는 않은 상태이다. 고려 시대 인쇄 문화를 전해 주는 불경 서적은 대개 복장 유물에서 나온 것이라고 한다.

문수사 복장 유물 문수사 극락보전에 모셨던 금동 불상 안에서 나온 유물들로, 1346년(충목왕 2)에 불상과 함께 만들었다는 기록이 있다. 현재는 도난당해 소재를 파악할 수 없다.

이것도 알아 두세요!! 문화재 이름을 해독하는 법 ① 불상

여러분이 박물관에 가서 문화재를 구경할 때, 가장 어려운 것이 혹시 유물 이름이 아닌가요? 도통 무슨 뜻인지 모르는 단어들이 길게 쓰여 있는데, 이름을 이해하지 못하니 작품을 감상한 느낌도 잘 남지 않지요. 고려 시대 불교 예술을 이해하려면 그 이름부터 해독할 수 있어야 할 텐데, 이번 기회에 한번 배워 볼까요?

이름을 해독하기 어려운 대표적인 문화재로는 불상과 도자기를 들 수 있는데, 여기서는 먼저 불상에 대해 알아보고 도자기는 뒤에서 따로 설명하기로 하지요. 불상은 대개 출토지, 재료, 부처, 형태의 순서로 이름을 붙입니다.

■ **출토지(원 소재지)** : 불상이 원래 어디에 있던 것인가를 표시합니다. 보통 문화재로 지정될 때의 지명이나 사찰 이름을 그대로 쓰기 때문에 현재의 명칭과 다를 수 있지요. 또한 원래 있던 곳에서 다른 곳으로 옮겨진 경우에는 이름과 실제 소재지가 일치하지 않는 경우도 있습니다. 출토지를 모르면 따로 표기하지 않습니다.

■ **재료** : 불상을 무엇으로 만들었는지를 나타냅니다. 앞서 설명한 것처럼 목조, 석조, 마애, 금동, 철조, 소조 등으로 표시합니다.

■ **부처** : 불상으로 표현된 부처의 종류를 표시합니다. 석가여래, 아미타불, 비로자나불, 약사불, 미륵불, 관음보살, 지장보살 같은 것들이 있습니다.

■ **형태** : 불상이 어떤 자세를 취하고 있는지를 표시합니다. 서 있는 것은 입상, 앉아 있는 것은 좌상이라 하지요. 소형 불상 가운데 한쪽 다리만 꼬고 앉은 경우도 있는데, 이 경우에는 '반가상'이라 합니다.

■ **기타** : 그 밖에 불상에 특징적인 모습이 있으면 그것을 표기합니다. 생각하는 모습을 표현한 불상에는 '사유상'이라고 붙이는 식이지요. 간혹 아미타불이나 미륵불에는 좌우에 두 보살을 함께 표현한 경우가 있는데, 이를 '삼존'이라 부릅니다.

그렇다면 '춘궁리 철조 석가여래 좌상'은 어떻게 해독하면 될까요?

→ '춘궁리(현 경기 하남시 춘궁동)에서 나온, 철로 만든, 석가여래를 표현한, 앉아 있는 모습의 불상'이 되겠네요.

앞에 나온 다른 불상 이름에 대해서도 나름대로 해독해 보기 바랍니다.

고려청자와 나전

청자는 언제부터 만들었나

청자란 푸른빛을 띠는 도자기를 말합니다. 이 푸른빛의 정체는 무엇일까요? 뒤에서 따로 설명하겠지만, 도자기를 만들 때 '유약'이라는 것을 바릅니다. 그릇을 굽는 과정에서 유약에 들어 있는 아주 적은 양의 철분이 푸른빛을 만들어 내는 것이지요. 그 색이 푸르면서도 그윽한 느낌을 주어 흔히 '비색'이라고 표현합니다. 간혹 청자 가운데 녹황색이나 황갈색을 띠는 것도 있는데, 이것은 불순물이 들어 있거나 제대로 구워지지 않아서 그런 것입니다.

청자는 언제부터 만들기 시작했을까요? 대부분의 문화재가 그러하듯 청자 역시 중국에서 만들기 시작했으며, 우리 나라에 들어온 것은 고려 초기입니다. 고려는 초기부터 중국 왕조와 활발히 교류했

강진 대구면 도요지 유적

는데, 이 때 청자도 함께 들어왔지요. 신라 말 중국에 유학하고 온 승려들이 처음 들여왔다는 견해도 있습니다.

중국은 일찍부터 도자기가 발달하여 이미 한나라 때부터 청자를 제작했습니다. 지금의 중국 저장(浙江 : 절강) 성 항저우(杭州 : 항주) 지역을 중심으로 발달했는데, 이 곳은 옛날 월나라 지방이었다고 해서 흔히 월주요(越州窯)라고 부릅니다. 고려 초기에 들어온 청자는 바로 이 월주요의 청자입니다.

그 뒤 고려에서도 점차 청자를 직접 생산하기 시작합니다. 처음에는 특별한 기교를 부리지 않은 순청자를 만들었으나, 12세기에 들어서면서 상감 청자가 등장합니다. 상감이란 표면에 홈을 파고 여기에 다른 재질을 넣어 문양을 만드는 기법을 말합니다. 상감 청자는 초벌구이를 한 뒤 표면을 파서 문양을 만들고, 그 곳에 다른 색깔의 흙을 넣고 구워 만듭니다. 이것은 고려에서 개발한 독창적인 기법으로, 청자의 예술성을 더욱 높여 줍니다.

부안 유천리 도요지 유적

녹청자 접시
학계에 초기 청자라고 알려진 녹청자는 정선된 회색의 흙으로 만들어졌다. 문양이 없고 녹황색 유약을 입혔다.

인천 녹청자 도요지의 가마 노출 상태(1966년)
가마는 20도 안팎의 경사를 이루고 있다.

청자 가마로 유명한 곳은 전라 남도 강진과 전라 북도 부안을 들 수 있습니다. 지금까지 강진에서는 약 90여 곳, 부안에서는 60여 곳의 가마 유적이 확인되었지요.

왜 특별히 이 곳에 청자 가마가 발달했을까요? 바로 입지 조건을 두루 갖추었기 때문입니다. 품질 좋은 흙을 얻을 수 있고, 근처에 산지를 끼고 있어 땔나무를 손쉽게 구할 수 있었지요. 바다와 가까워 제품 수송에도 편리했습니다. 이 가운데에서도 강진군 대구면의 도요지와 부안군 보안면 유천리 도요지는 고급 청자가 제작된 곳으로 알려져 있습니다.

한편 인천 녹청자 도요지는 청자 가운데 질이 떨어지는 녹청자를 굽던 도요지입니다. 녹청자는 흙도 거친 편이고 불순물이 많아 표면이 매끄럽지 못하고 색깔도 녹청색을 띱니다. 청자 도입 초기인 10~11세기 무렵에 제작된 것이라 여겨집니다.

청자가 쇠퇴하고 분청사기가 등장하다

고려청자는 12세기에 절정을 이룹니다. 이 시기 왕릉에서 나온 청자들은 아주 세련된 아름다움을 보여 주지요. 그러나 이 아름다움도 13세기를 거치면서 쇠퇴하기 시작합니다. 몽골과의 전쟁이 중요한 요인이 되었지요. 오랜 기간 전쟁을 치르면서 수많은 청자 가마가 파괴되고 기술을 가진 도공들도 흩어졌습니다. 또 정부가 강화도로 천도한 뒤 청자를 사용하는 수요층도 많이 줄었을 것입니다. 정치 사회가 격변하면서 청자 문화도 달라지기 시작한 것이지요.

청자가 쇠퇴하면서 새롭게 등장한 것이 분청사기입니다. 분청사기는 회색빛 흙으로 그릇을 만들고, 여기에 흰색 흙으로 문양을 입힌 다음 유약을 발라 구운 자기를 말합니다. 본디 명칭은 '분장회청사기(粉粧灰靑沙器)'로 미술사 연구자들이 청자·백자와 구분하기 위해 만든 용어입니다.

분청사기는 제작 기법으로 볼 때 상감 청자에서 비롯합니다. 청자

분청사기 박지 연어문 편병
국보 179호.

가 쇠퇴하는 14세기 후반부터 만들어져 15세기에 널리 보급되었지요. 처음에 청자 가마에서 함께 굽다가 15세기 중반에는 별도의 가마에서 대규모로 제작합니다. 특히 조선 초기 관청에서 사용한 도자기는 대개 분청사기로, 이 또한 청자처럼 한 시대를 휩쓸었지요.

하지만 조선 사회가 안정되면서 도자기는 한층 세련된 백자가 주도하고, 분청사기는 점차 생산이 줄어들어 명맥이 끊어집니다. 그래서 흔히 분청사기를 고려청자에서 조선 백자로 넘어가는 과도기의 도자기로 이해하기도 합니다.

이번에는 불상 못지않게 복잡하고 어려운 도자기의 이름을 해독해 보기로 하지요. 도자기는 아니지만 청동으로 만든 그릇들도 비슷한 방식으로 이름을 붙이므로 함께 이해할 수 있습니다. 도자기 이름은 대체로 도자기 종류, 문양 기법과 양식, 그릇의 형태와 종류로 구성됩니다.

■ **도자기 종류** : 청자, 백자, 분청사기 등 제작 기법에 따른 구분을 나타냅니다. 금속 그릇은 청동, 철제 식으로 그 재질을 밝힙니다.

■ **문양 기법** : 도자기에 문양을 만드는 기법을 나타냅니다. 상감, 양각, 음각, 투각(구멍을 뚫는 것)이 기본을 이루며, 이 밖에 박지(무늬 이외의 부분을 긁어 내는 것), 철화(산화철을 이용하여 그림을 그린 것), 철채(산화철로 바탕색을 입히고 다른 색으로 그림을 그린 것) 등이 있습니다. 금속 그릇에는 금이나 은으로 선을 넣는 금입사, 은입사가 있지요.

■ **문양** : 도자기 표면에 새긴 문양을 나타내는데, 보통 '∼문' 으로 표현합니다. 무늬에 이용된 꽃·나무나 동물, 자연물 등을 이용해 이름을 붙이지요. 자주 보이는 사례 몇 가지를 알아보면 다음과 같습니다. 우선 꽃·나무로는 연화문(연꽃), 절지문(나뭇가지), 포류문(버드나무), 유로문(버드나무와 갈대), 당초문(덩굴풀), 모란문(모란꽃), 국화문(국화), 위려문(갈대) 들이 있고, 동물 문양으로는 수금문(물새), 운룡문(구름 속의 용), 운학문(구름 속의 학), 연어문(연잎과 물고기) 들을 찾아볼 수 있습니다. 한편 도자기에 무늬 대신 연도나 시, 기타 글자를 새긴 것이 있는데, 그 구절 가운데 일부를 이용하여 '∼명'이라는 식으로 이름을 붙입니다.

■ **그릇 형태** : 도자기 형태를 나타내는데, 보통 '～형'으로 표현합니다. 뒤에 이어지는 그릇 종류를 더 자세히 구분하는 기능을 하지요. 특별히 형태를 구분할 필요가 없으면 넣지 않습니다. 흔히 보이는 사례로는 표형(표주박 모양), 과형(오이 모양), 귀형(거북 모양), 인형(사람 모양), 통형(원통 모양) 들이 있습니다.

■ **그릇 종류** : 용도에 따른 그릇의 종류를 나타냅니다. 완, 대접, 발 따위가 있는데, 다음에 나오는 사진 설명을 참고하세요.

자, 그럼 다음 도자기의 이름을 해독해 보세요.

청자 상감 모란 국화문 과형 병

→ 청자로서, 상감 기법으로, 모란과 국화 무늬를 넣은, 오이 모양의 병.

청자 음각 연화 당초문 매병

→ 청자로서, 음각 기법으로, 연꽃과 덩굴풀 무늬를 넣은 매병.

완(琬) 바닥이 좁은 작은 사발

대접 접시보다는 약간 깊고 바닥에서 위로 곡선을 이루는 그릇

발 바닥에서 위로 벌어져 올라간 형태의 사발

합(盒) 둥글납작하고 뚜껑이 있는 그릇

반 쟁반이나 대야처럼 바닥이 넓은 그릇

접시 깊이가 얕고 납작한 그릇

주전자

향로

의자

병 큰 몸통에 비해 주둥이
부분이 좁아진 형태

정병 몸통 옆에 귀가 붙어 있고 주둥이
부분이 길고 뾰족하게 나와 있는 형태

탁잔 받침대와 잔이 한 세트로 된 그릇

청자 베개

호 몸통이 넓고 주둥이가
짧은 단지 또는 항아리

매병 입구는 좁고 어깨 부분이 넓은 형태

도자기는 어떻게 만들까

도자기는 흙을 구워 만든 그릇을 통틀어 일컫는 말로, 굽는 온도와 제작 방법에 따라 토기, 도기, 석기, 자기로 나눈다. 토기는 700~1000도 정도로 굽는 것인데, 유약을 바르지 않아 물이 밖으로 번져 나온다. 원시 시대 이래의 토기를 생각하면 된다.

도기 이상은 모두 유약을 바른다. 도기는 1000~1100도 정도로 구우며, 물 흡수율이 토기보다 낮아 그릇 벽에 스미는 정도이다. 요즘 사용하는 화분이나 떡시루가 대표적인 예다.

석기는 1200도 정도로 구워 단단하고 물이 스미지 않는다. 불순물이 많아 품질이 자기에는 미치지 못하는데, 김칫독이 여기에 속한다.

자기는 1300도 이상의 고온에서 굽는 것으로, 유리 같은 재질을 갖춰 물을 흡수하지 않고 두드리면 맑은 소리가 난다. 중국에서 처음 제작되어 세계 곳곳으로 전해졌다.

여기서는 자기에 속하는 청자를 떠올리며 일반적인 제작 과정을 살펴보자. 요즘은 도자기를 직접 만들어 볼 수 있는 곳이 많은데, 그 곳에서 직접 만들어 보면 도자기의 원리를 더 쉽게 이해할 수 있을 것이다.

충주 미륵리 백자 가마 터 17세기에서 20세기 전반에 걸쳐 백자를 굽던 가마터로, 계단식으로 된 가마 구조를 잘 보여 준다. 충북 기념물 100호.

① 흙 준비

도자기 재료가 되는 흙을 '태토(胎土)'라 하는데, 보통 자기에서는 고령토를 많이 사용한다. 점력(粘力:끈끈한 성질)이 있고, 구울 때의 높은 온도에 잘 견디며 원하는 색상을 얻을 수 있는 흙을 선택한다. 준비된 흙을 곱게 빻은 다음 물을 붓고 잘 젓는다. 이 중 윗부분의 물을 받아 가라앉히면 아주 고운 흙이 나오는데, 이것이 도자기의 재료가 된다. 이 과정을 전문 용어로 '수비(水飛)'라 한다. 서구에서는 흙에 뼈를 태운 가루를 첨가해 자기를 만들었다. 서구의 흙에는 칼슘이 부족하여 도자기가 단단하게 구워지지 않기 때문이다. 여기에서 '본 차이나(bone china)'라는 말이 생겨났다.

② 흙 반죽

수비를 거쳐 고운 흙이 준비되면 물로 반죽한다. 점력이 좋은 흙일수록 원하는 그릇을 쉽게 빚을 수 있다. 흙의 양이 많을 때는 발로 밟아 점력을 높여 준다. 반죽한 흙을 손으로 다룰 양만큼 만두피 반죽하듯 치댄다. 이를 '꼬막밀기'라 하는데, 이 때 흙 알갱이 사이에 공기가 들어가지 않도록 주의해야 한다. 공기가 들어가면 그릇을 구웠을 때 풍선처럼 부풀거나 터지기 때문이다. 만두피를 단단히 반죽해 만두를 쪘을 때 터지지 않게 하는 원리와 비슷하다.

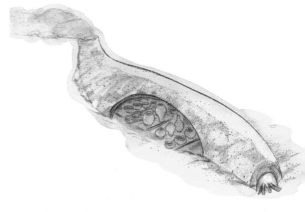

⑤ 성형(굽 깎기)

그릇이 적당히 말랐으면 불필요한 부분을 떼어 내고 다듬는 성형 과정을 밟는다. 이를 통해 도자기는 기본적인 모습을 갖춘다. 이쯤에 원하는 문양을 새기거나 그림을 그리기도 한다.

⑥ 초벌 구이

그릇 모양이 갖추어지면, 이제 그릇을 가마에 넣고 일단 한 번 굽는 과정을 거친다. 유약을 입힐 때 잘 밀착시키기 위한 것으로, 보통 700~800도로 가열한다.

도자기 만드는 과정

③ 모양 만들기
반죽이 끝나면 이것을 물레에 올려놓고 돌리면서 원하는 그릇 모양을 만든다. 이 과정은 아주 섬세한 작업으로, 특히 균형을 잘 잡아야 한다. 만약 균형을 잃으면 그릇이 축 늘어져 버린다.

④ 말리기
원하는 그릇을 만들었으면 봉당(재래식 한옥에서 안방과 건넌방 사이의 그늘진 곳)에 말리는데, 뒤집었을 때 모양이 일그러지지 않을 정도까지만 말린다.

⑦ 유약 바르기
초벌 구이가 끝난 그릇에는 유약을 바른다. 유리 성분을 지닌 잿물을 유약이라 하는데, 도자기 표면에 막을 형성하여 광택과 방수 효과를 낸다.

⑧ 재벌 구이
초벌 구이와 달리 재벌 구이에서는 유약이 녹아 그릇이 서로 달라붙을 수 있다. 따라서 적당히 간격을 두고 잘 쌓아서 구워야 한다. 재벌 구이의 가마 온도는 1200도가 넘어야 한다. 가마란 밀폐된 공간에 불을 때는 곳과 열기가 빠져나가는 곳을 설치한 시설이다. 이 곳에 불을 때면 가마 안의 온도가 아주 높아져 도자기가 구워진다. 가마를 경사지게 만드는 것은 낮은 곳에서 높은 곳으로 올라가는 불의 성질을 이용하기 위해서다. 여러 단으로 공간을 만든 계단식 가마가 많은 것은 열을 효율적으로 사용하고 한꺼번에 많은 양을 구울 수 있기 때문이다.

재벌 구이가 끝나면 도자기 제작은 일단 끝이 난다.
하지만 모든 도자기가 제품으로서 자격을 갖추는 것은 아니다.
뒤틀린 것도 있고, 금이 간 것도 있으며, 광택이 제대로 나지 않는 것도 생기게 마련이다.
이런 것들을 골라내는 일까지 거쳐야 작업이 모두 끝났다고 할 수 있다.
이 때 제품으로서 문제가 있는 것들은 대개 깨뜨려 버린다.
그래서 가마 유적에서 깨진 도자기가 많이 나오는 것이다.

특 집 – 서해 바다 속 보물선

여러분은 누구나 보물선에 대한 이야기를 들어 보았을 것이다. 갖은 금은보화를 가득 싣고 가다가 바다 속으로 가라앉은 보물선. 그것을 찾기만 하면 벼락부자가 될 수 있다는 공상도 해 보았을 법하다. 사실 보물선 찾기는 상상 속에만 있는 것이 아니다. 지금도 세계 각지에서 보물선을 찾으려는 시도가 심심찮게 신문 지면을 장식하곤 한다.

그런데 우리 나라 바다 속에도 보물선이 있다면? 금은보화는 아니지만, 귀중한 문화재인 도자기를 가득 실은 배가 바다 아래에 잠들어 있다. 이 보물선이 우리에게 모습을 드러내고 있는데, 그 이야기를 알아보자.

■ 신안 앞바다

1976년 1월, 온 국민의 귀가 번쩍 뜨이는 소식이 전해졌다. 전라 남도 신안 앞바다에서 어부의 그물에 청자가 걸려 올라온 것이다. 이 해 10월부터 해군 잠수부대의 도움을 받으며 본격적인 인양 발굴 작업에 들어갔다. 1984년까지 모두 11차례에 걸쳐 진행될 정도로 대대적인 사업이었다.

바다에서 도자기가 나왔다면 당연히 그것을 운반하던 배도 있었을 텐데. 과연 바다 밑에는 목선이 침몰되어 있고, 여기에 많은 물건이 실려 있었다. 그야말로 보물선이 발견된 것이다. 이 배에 실린 도자기는 2만 8000여 점에 달했고, 그 가운데 청자가 9600여 점으로 가장 많았다. 대개 원나라 때 제작된 것으로 확인되었다. 고려청자로 보이는 것도 몇 점 있었다. 함께 나온 동전과 목패(나무로 만든 표찰)의 기록을 통해 1323년에서 멀지 않은 시기에 침몰한 것으로 보고 있다.

이 배는 중국에서 복원해 현재 목포에 있는 국립 해양 유물 전시관에서 전시하고 있으며, '700년 전의 약속'이라는 이름이 붙어 있습니다. 배의 크기는 길이 31미터, 너비 10미터, 높이 9미터로, 상당히 큰 규모이다.

그렇다면 이 배는 왜 이 곳에 침몰된 걸까? 이 배에 실린 수많은 중국 도자기들은 어디로 가는 길이었을까?

신라 말 이래 나주와 목포 일대는 중국과 왕래하는 기지였다. 장보고가 완도에 청해진을 설치하고 활동한 것은 잘 알려진 이야기이다. 당시 중국에서 유학하고 돌아온 승려들도 대개 이 곳을 통해 돌아왔다. 고려 인종 때 남송의 사신 일행도 이 지역으로 들어온 뒤 연안을 따라 북상하여 벽란도로 들어갔다.

이 곳은 고려 후기에도 중국과 우리 나라, 일본을 연결하는 무역 기지였을 것으로 생각된다. 이 보물선은 바로 중국에서 우리 나라를 거쳐 일본으로 가던 무역선으로, 이 항로를 따라 항해하다가 침몰한 것이다.

■ 군산 앞바다

신안 앞바다에 가라앉아 있던 유물이 화려하게 신문을 장식한 뒤 바다 속 유물에 대한 관심이 높아졌다. 관심에 답하듯 전라 남도 완도와 충청 남도 보령의 죽도, 전라 남도 무안의 도리포 등지의 바다 속 유물이 발굴 인양되었다. 그리고 2002년 4월, 그러니까 신안 앞바다에서 유물이 처음 발견되고 26년이 흐른 뒤, 군산 앞바다의 비안도 근처에서 많은 고려청자가 그물에 걸려 올라왔다. 당시 어부가 건져 올린 것만 454점이고, 뒤이은 작업에서 3000여 점의 청자를 찾아냈다.

그러나 여기서 끝나지 않았다. 2003년 9월, 십이동파도 주변에서 청자 622점이 인양되어 다시 한 번 온 국민의 눈길을 사로잡았다. 주변 지역에 대한 조사가 진행되어 667점을 인양했고, 이들을 싣고 가던 배의 존재도 확인했다. 이 청자들은 중국 것이 아니라 고려청자였고, 제작 시기는 11세기에서 12세기 즈음으로 파악되었다. 또한 뚜껑이 있는 밥그릇이나 숟가락 받침대 등 생활 용품이 많아 주목받았다. 이 곳의 조사 인양 작업은 최근 마무리되어 그 결과가 나왔는데, 인양된 도자기가 모두 8000여 점에 이른다.

그리고 2007년 태안 앞바다 대섬에서 쭈꾸미에 청자가 붙어 올라온 것을 계기로 조사가 이루어졌다. 1차 조사 결과 720여 점의 청자를 인양했는데, 대체로 12세기에 만들어진 것으로 보고 있다. 지금은 배를 인양하기 위한 본격적인 발굴 조사가 진행 중이다.

그렇다면 이 배가 이 곳에 침몰한 이유는 무엇일까? 이 곳은 고려 시대 서해 교통로의 중간 기지가 되는 곳입니다. 인종 때 남송에서 온 사신 일행이 서해안을 타고 북상할 때 중간에 정박한 곳이 바로 군산이었다. 청자를 제작하던 도요지는 대개 부안과 강진을 비롯해 서해안이나 서남해안에 있었다. 이 곳에서 만들어진 청자 역시 배에 실려 서해안 바닷길을 따라 개경으로 올라왔다.

그런데 이 길은 유일한

뱃길이었지만, 그렇게 편안한 길은 아니었다. 조수간만의 차이와 풍랑 등
으로 배가 침몰하는 경우가 허다했다. 곡식을 나르는 조운선이 자주 피해
를 입어 재정에 타격을 주곤 했다.

청자를 실은 이 배도 이런 운명을 만나 바다 아래에 잠들어 있었던 것
이다. 그 불행이 천 년 가까운 세월이 지난 지금 우리에게 많은 고려 청자
를 안겨 주는 행운을 선물했다. 지금도 서해 바다 속 여기저기에는 행운
을 기다리며 잠들어 있는 청자들이 있을지도 모를 일이다.

바다 속에서 발굴한 여러 유물들

신안 앞바다에서 건져 올린
고려 시대 유물들

신안 앞바다에서 건져 올린
중국 원나라 유물들

신안 앞바다에서 건져 올린
일본 가마쿠라 시대 유물들

비안도 앞바다에서 건져 올린 고려 시대 그릇들

완도 앞바다에서 건져 올린 고려 시대 그릇들

도리포 앞바다에서 건져 올린 고려 시대 그릇들

자개박이 둥근 함 자개와 구리 실, 자라 껍질 등을 사용해서 국화 무늬 등을 화려하게 장식했다. 지름 12.5 센티미터.

화려함과 섬세함의 극치 – 고려 나전

고려의 뛰어난 공예 문화를 보여 주는 것으로 청자와 함께 꼽히는 것이 바로 나전입니다. 나전은 광채가 나는 전복 껍데기 등을 얇게 붙여 장식하는 공예를 말하며, 흔히 '자개'라고 합니다. 나전을 한 뒤 옻칠을 해서 표면에 광택을 주고 내구성을 높이는데, 이런 것을 '나전 칠기'라고 하지요.

나전 칠기는 매우 화려하고 아름다우며 내구성도 좋은 고급 공예입니다. 여러분의 집에서 할머니가 쓰시던 자개장을 본 적이 있나요? 이 자개장이 바로 나전 칠기의 대표적인 제품이지요. 예전에는 부인들이 아끼는 재산 목록 1호였습니다. 오래되면 수리해서 대물림할 정도로 소중한 물건이었어요.

나전은 중국에서 시작된 것으로, 우리 나라에는 삼국 시대에 들어와 고려 시대에 전성기를 누렸습니다. 11세기 후반 문종 때에는 당시 고려가 사대하던 거란에 나전 칠기를 예물로 보낸 기록이 보입니다. 나라의 선물로 자신 있게 보낸 것이니 그 수준이 대단했겠지요?

또한 《고려도경》에서는 고려의 나전에 대해 침이 마르게 칭찬했습니다. "나전의 솜씨가 매우 세밀해서 귀하게 여길 만하다"고 했고, 나전으로 만든 말 안장을 보고 감탄을 금치 못했지요.

한편 몽골과 전쟁을 벌이면서 재조 대장경을 완성했을 때, 그 책을 담을 상자도 함께 만들었습니다. 이 상자를 나전으로 만들었지

아! 그렇구나 자개는 어떻게 붙일까

섬세한 아름다움을 자랑하는 나전 공예에서 자개는 어떻게 붙일까? 먼저 나무로 공예품을 만들고, 미리 준비해 둔 자개를 적당한 크기로 잘라 붙여 각종 모양을 만들어 내는 과정을 밟는다. 이 때 자개를 붙이는 데는 크게 세 가지 방법이 있다.

첫째는 미리 나무에 문양을 새기고 그 곳에 맞추어 자개를 끼우는 방법이다. 청자에서 사용하는 상감 기법과 같은 원리이다.

둘째는 자개를 풀로 붙이는 방법이다. 가장 손쉬운 방법이기는 하지만 표면이 울퉁불퉁해지는 단점이 있다.

셋째는 자개를 잘게 썰어 문양에 맞게 뿌려서 붙이는 방법이다. 손이 많이 가지만, 큰 자개를 다듬어 만들기 어려운 정교한 문양을 표현할 수 있다.

요. 지금까지도 몇 개가 전하나 아쉽게도 국내에는 없고, 일본과 미국 등지의 미술관에 소장되어 있을 따름입니다. 사경이나 불화처럼 일제 강점기 이후 해외로 반출된 결과이지요.

고려 나전의 융성기는 11~12세기로 청자가 세련미를 더해 가던 시기와 일치합니다. 그 문화를 누리던 문벌의 융성과 짝하는 셈이지요. 고려 후기로 가면 청자 대신 대중적인 분청사기가 만들어지는데, 이와 함께 나전도 정교함이 떨어지면서 더욱 대중적인 조선 나전으로 넘어갑니다.

나전 국화 당초문 경함
불경을 담기 위해 만든 것으로, 국화와 덩굴풀 무늬가 새겨져 있다. 일본 나라 국립 박물관 소장.

새로운 과학 기술의 도입과 발전

고려 시대의 과학 기술을 말할 때, 단연 인쇄술을 첫손가락으로 꼽을 것입니다. 그 가운데에서도 여러분은 금속 활자를 가장 먼저 떠올리겠지요. 하지만 그에 앞서 목판 인쇄술부터 이해해야 합니다. 그래야 금속 활자의 의미도 제대로 알 수 있기 때문이지요.

목판 인쇄란 나무로 일정한 크기의 판을 만들고 여기에 글자의 좌우를 뒤집어 새긴 다음, 먹물을 묻혀 종이에 찍어 내는 것입니다. 중국과 우리 나라를 비롯해 동아시아에서 고대부터 발전한 인쇄 기술이지요. 불국사 3층 석탑에서 나온 〈무구정광대다라니경〉이 지금 남아 있는 것 중 가장 오래된 목판 인쇄물입니다.

재조 대장경 경판
해인사 장경판전에 보관되어 있으며, 모두 8만 1258장이어서 흔히 팔만대장경이라고 부른다. 양 끝에 다른 나무를 붙여 뒤틀림을 막고 글자를 새긴 뒤 옻칠을 하는 등 경판 보존에도 많은 노력을 기울였다. 국보 32호.

고려에서도 불교 문화가 융성하여 불경 간행이 많아진 데 힘입어 목판 인쇄술이 발전합니다. 그 가운데 가장 방대한 규모와 기술을 자랑하는 것이 바로 재조 대장경, 곧 팔만대장경이지요. 경판의 재질과 새김 솜씨에서도 높은 수준을 자랑합니다.

또한 경판 보존에도 뛰어난 기술을 발휘했지요. 해인사의 장경판전은 습기와 해충으로 경판이 손상되는 것을 막을 수 있게 설계되어 800년 가까운 세월 동안 경판을 아무 탈 없이 보존하고 있습니다. 현대식 설비로도 해내기 어려운 일을 자연 원리를 이용해 이루어 냈으니, 정말 감탄하지 않을 수 없네요. 이 우수성은 세계적으로 인정받아 1995년 세계 문화 유산으로 등록되었습니다.

금속 활자는 글자를 금속으로 주조(녹인 쇠붙이를 거푸집에 부어 물건을 만드는 것)하여 만든 다음, 이를 판에 조립하여 책을 찍는 것을 말합니다. 작업이 끝나면 다시 해체하고 다른 판을 만들 수 있지요. 따라서 일단 글자를 만들면 오랜 기

(위부터)해인사 장경판전 전경, 장경판전 출입구와 통풍용 창, 재조 대장경 경판 보관 모습

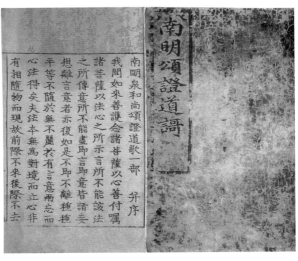

간 동안 여러 책을 인쇄하는 데 사용할 수 있습
니다.

　서구에서는 1452년에서 1456년 사이에 독일
의 구텐베르크가 처음 발명한 것으로 알려져 있습니다. 우리 나라에
서는 이보다 앞선 시기에 이미 금속 활자를 만들었지요. 1377년(우
왕 3)에 간행된 《백운화상초록불조 직지심체요절》('직지심경'이라고
줄여 부름)은 현재 세계에서 가장 오래된 금속 활자본으로 공인되고
있습니다. 하지만 아쉽게도 국내에는 없고 프랑스 국립 도서관에 한
부가 소장되어 있을 따름이지요. 그런데 책을 한 부만 찍지는 않았
을 것이므로 국내에도 남아 있을 가능성이 있습니다. 이에 지금도
《직지심경》을 찾기 위한 운동이 전개되고 있답니다.

　그런데 《직지심경》은 지금 남아 있는 것 중에서 가장 오래된 것
이고, 기록상으로는 시기가 더 올라갑니다. 우선 《남명천화상송증

구텐베르크 42행 성서
구텐베르크가 처음 금속 활
자를 사용해 찍어 낸 성서의
하나이다.

남명천화상송증도가
금속 활자로 이미 인쇄되었
던 것을 1239년 나무에 새
겨 인쇄한 책이다. 삼성 출
판 박물관 소장.

아! 그렇구나 글자를 뒤집어 새기는 방법

목판 인쇄를 하려면 나무판에 글자의 좌우를 뒤집어 새겨야 한다. 하지만 뒤집힌 글자를 직접 쓰면 제대로 된 글씨가 나오기 어렵다. 그런데 목판으로 찍은 책은 모두 세련된 글씨를 보여 준다. 어떻게 한 것일까?

방법은 의외로 간단하다. 먼저 얇은 종이에 글씨를 쓰면 글자가 뒤까지 배어 나온다. 이를 뒤집으면 좌우가 바뀐 글씨가 된다. 이 종이를 목판에 붙인 뒤 그 획을 따라 글자를 새긴다. 이렇게 해서 인쇄하여 세련되고 정교한 글씨를 얻을 수 있다.

여기에는 무엇보다 글자가 배어 나올 정도로 얇으면서도 잘 찢어지지 않는 종이가 필요하다. 그러므로 목판 인쇄가 발달하려면 제지술이 함께 발달해야 한다. 〈무구정광대다라니경〉을 우리 나라에서 만들었는지, 아니면 중국에서 들여왔는지 논쟁이 있다. 이것은 당시 신라가 목판 인쇄를 뒷받침할 만한 제지술을 보유하고 있었느냐는 문제와도 연결된다.

도가》라는 책은 앞서 글자를 주조하여 찍었던 것을 1239년(고종 26) 강화도에서 목판에 새겨 다시 찍었다는 기록이 있습니다. 또 1234년에 펴낸 《상정고금예문》도 글자를 주조하여 찍었다는 기록이 있지요. 이로 미루어 고려의 금속 활자는 12세기 즈음에 이미 만들어진 것으로 추정됩니다.

금속 활자

우리 나라는 최초·최고라는 가치를 유난히 강조하는 경향이 있다. 그 대표적인 사례가 금속 활자이다. 물론 우리가 세계에서 가장 앞서 금속 활자를 발명했다는 사실은 자랑스러운 일이다. 그러나 그것이 꼭 역사적으로 중요한 것일까? 그보다는 왜 금속 활자를 만들었고, 그것이 어떤 영향을 끼쳤는지가 더 중요하지 않을까?

구텐베르크의 금속 활자는 성경을 대량 생산하기 위해 고안되었다. 당시 성경은 서구 사회의 기본 도서였지만, 수도원 등에서 손으로 베껴 제작한 까닭에 가격이 비싸 서민들은 쉽게 구할 수 없었다. 그런데 알파벳을 금속으로 주조하여 책을 찍어 내면서 짧은 시간에 많은 양을 생산할 수 있었다. 덕분에 성경 가격이 크게 낮아져 서민들도 쉽게 구입할 수 있었다. 책을 통한 지식 전파가 가능해지면서 서구 문화는 큰 변혁을 겪게 되었다. 금속 활자에 주목하는 이유가 바로 여기에 있다.

그렇다면 우리 나라의 금속 활자는 어떠했을까? 유감스럽게도 당시 문화에 큰 영향을 끼치지는 못했다. 목판 인쇄가 여

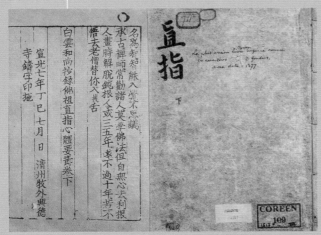

백운화상초록불조 직지심체요절(직지)과 판틀 고려 승려 경한이 부처와 고승들의 좋은 말을 뽑아 만든 책으로, 흔히 '직지심경'이라 부른다. 1377년 청주 흥덕사에서 금속 활자로 만들었으며, 남아 있는 것들 가운데 세계에서 가장 오래된 금속 활자본이다. 원본은 프랑스 국립 도서관에 소장되어 있으며, 본디 상하 두 권이었으나 현재 하권만 전한다.

'흥덕사'라는 이름이 새겨진 금구(위, 복제품) 《백운화상 초록불조 직지심체요절》을 인쇄한 흥덕사의 위치를 확인시켜 준 청동 북. 사찰에서 시간을 알리는 데 사용되었다. '황통10년 흥덕사'라는 이름이 새겨진 불발(복제품) 금구와 함께 흥덕사의 위치를 알려 준 유물이다. 잔 입술 부분에 40자가 음각되어 있다.

전히 서적 간행을 주도한 것이다. 왜 이런 차이가 생겨났을까? 그것을 이해하려면 당시 인쇄 문화의 형편과 문자의 성격을 알아야 한다.

서구는 별도의 인쇄 기술이 발달하지 않은 상황에서 성경이라는 특정 서적을 대량 생산하기 위해 금속 활자를 만들었다. 미리 주조해 놓은 알파벳을 조립하여 책의 한 면을 여러 장 찍고, 다시 분해한 뒤 재조립하여 다른 면을 찍는 식이다. 이를 반복하면서 한꺼번에 많은 부수를 제작할 수 있었다.

그런데 우리 나라에서는 성경처럼 지속적으로 대량 생산할 책이 없었다. 반면 다양한 불경과 유교 경전, 문집 등이 제작되어 이를 이해할 수 있는 지배층과 지식인 위주로 보급되었다. 많아야 수백 권 제작되는 정도였다. 책마다 새로 목판을 제작해서 수백 권씩 제작하는 것은 효율적이지 못했다. 그러나 일단 금속 활자를 주조해 둔다면, 매번 목판을 새로 만들 필요 없이 여러 종류의 책을 제작할 수 있었다.

결국 똑같이 금속 활자를 개발했어도 그것을 이용하는 방식이 달랐다. 서구가 대량 생산을 염두에 두었다면, 우리 나라는 다양한 책을 소량 생산하기 위한 것이었다.

또한 당시 사용한 문자도 중요한 요소이다. 금속 활자를 만들려면 문자마다 거푸집을 만들고 쇳물을 부어 글자를 제작해야 한다. 알파벳은, 영어를 예로 든다면, 26개 자모에 대·소문자, 몇 가지 크기, 몇 가지 서체 등을 포함해도 그 수가 그리 많지 않다. 따라서 금속 활자를 제작하는 비용도 크지 않고 서적 판매로 금방 회수할 수 있었다.

반면 한자는 만들어야 하는 글자 수가 워낙 많다. 꼭 필요한 글자만 뽑아 만든다고 해도 수천 개를 제작해야 한다. 크기까지 여러 개로 한다면 그 수는 엄청나게 늘어난다. 또한 한자는 알파벳과 비교할 수 없을 정도로 복잡하기 때문에 제작에 정교한 기술이 요구된다.

따라서 일단 금속 활자를 만들고 나면 효율적이겠지만, 그것을 만드는 과정이 만만치 않았다. 당시 그것을 감당할 수 있는 곳은 국가뿐이었다. 따라서 국가에서 필요로 하는 분야에만 제한적으로 사용할 수밖에 없었다. 대표적인 예가 《조선왕조실록》이다. 이것은 방대한 분량의 책을 5부 정도만 제작한다. 손으로 쓰거나 목판 인쇄를 하면 엄청난 시간과 제작비가 든다. 반면 금속 활자를 이용하면 비용과 시간이 크게 줄어들고, 내구성이 좋아 여러 대에 걸쳐 사용할 수 있었다. 더불어 국가적으로 필요한 여러 책도 자

만월대에서 발굴한 금속 활자 '전(顚)'
1958년 개성의 고려 왕궁 터 만월대에서 발굴되었다. 지금까지 발견된 금속 활자 가운데 시기가 가장 이른 것으로 추정한다.

주 찍어 낼 수 있었다. 세종 이래 금속 활자의 개량에 힘쓴 것은 이 때문이다.

반면 일반 사회에서는 목판 인쇄가 일반적이었다. 제작비가 제법 들지만, 여러 사람이 힘을 모으거나 출세한 사람이 도와주면 족보나 문집 정도는 어렵지 않게 제작할 수 있었다. 그 결과 우리 나라에서는 목판 인쇄가 활발히 이루어지며 문화를 주도했다. 지금도 서울 대학교 규장각을 비롯한 도서관에는 옛 책들이 많이 소장되

목 활자와 금속 활자 비교
조선 후기에는 나무로 활자를 만들어 책을 인쇄하는 방식이 널리 보급되었다. 인쇄된 글자를 확대해 보면 목 활자(왼쪽)는 나뭇결이 나타나는 반면, 금속 활자(오른쪽)는 글자를 주조할 때 공기가 들어간 구멍이 나타난다.

어 있다. 이 가운데 가장 큰 비중을 차지하는 문집은 대개 목판 인쇄로 만들어졌다. 반면 국가에서 간행한 책은 금속 활자로 만든 것이 많아 그 차이를 느낄 수 있다.

이제 여러분은 우리 나라가 금속 활자를 가장 먼저 만들었다는 단순한 지식을 아는데서 더 나아가 그것이 어떤 배경에서 나왔는지, 또 역사적으로 어떤 의미가 있는지 깊이 이해했기를 바란다.

조선 시대 주자소에서 금속 활자로 책을 만드는 모습(추정도)

옷의 혁명, 목화를 도입하다

인도의 인더스 강 유역에서 처음 재배된 목화는 점차 세계로 퍼져 나가 중국에도 전래되었습니다. 이 목화는 우리 나라에 언제 어떻게 들어왔을까요? 1363년(공민왕 12) 원나라에 사신 일행으로 갔던 문익점이 귀국하면서 목화 씨를 붓두껍 속에 숨겨 들여왔다는 일화, 다들 들어 보았지요? 그러나 이 이야기는 목화 도입을 극적으로 묘사한 것일 뿐, 실제로는 목화 씨가 유출 금지 품목이 아니었다는 견해도 있습니다.

목화 씨를 들여온 문익점은 장인 정천익과 함께 고향 강성현(지금의 경상 남도 산청)에서 갖은 노력 끝에 다량 재배에 성공합니다. 곧이어 목화에서 실을 뽑는 기계인 물레가 만들어집니다. 목화 열매에는 털 같은 섬유질이 있는데, 이 섬유질을 채취하여 솜을 만들고, 물레를 이용해 실로 가공하지요. 이렇게 얻은 실을 베틀에서 직물로 짜는데, 이것이 옷감이 되는 면포입니다. 흔히 무명이라고 부르는 면포는 빨면 줄어드는 약점이 있지만, 땀을 잘 흡수하여 상쾌한 느낌을 주고 보온성이 좋아 따뜻합니다.

면포 보급은 당시 생활에 엄청난 변화를 가져왔습니다. 그것이 전화를 통해 목소리를 직접 전달하고 텔레비전에 사람 모습이 나오는 것만큼이나 혁명적인 것이었다면, 실감할 수 있을까요?

사계절이 뚜렷한 우리 나라는 겨울을 나기가 무척 어려웠습니다. 추위를 견디려면 따뜻한 옷이 필요했으나, 그 때까지 서민들이 이용할 수 있는 옷감이라고는 모시와 삼베 정도가 전부였지요. 이것만으로 겨울 추위를 막아 내기란 어림없었습니다. 비단은 좀더 따뜻했으나 워낙 비싸 지배층만 이용할 수 있었지요. 추위가 심한 산간 지역에서는 짐승 가죽으로 옷을 해 입기도 했습니다. 이런 서민들에게 따뜻하고 값도 싼 면포가 보급되었으니, 얼마나 다행스러웠을까요? 그래서 면포는 급속히 퍼져 가장 일반적인 옷감으로 자리 잡게 됩니다.

우리는 당시 문익점이 목화 씨를 어렵게 들여왔다는 이야기에만 귀가 솔깃하는데, 그보다는 목화로 인해 이 땅에 사는 사람들의 생활에 어떤 변화가 일어났는지 주목해야 합니다. 요즘은 단열이 잘 되는 집에서 보일러를 돌리고 푹신한 침대에서 생활하는 경우가 많습니다. 또 외출할 때는 각종 외투를 걸쳐 추위를 별로 느끼지 않습니다.

하지만 불과 얼마 전까지도 겨울이면 면으로 된 내복을 입고 솜이불을 덮고 지냈지요. 아들이 첫 월급을 타면 가장 먼저 부모님께 내복을 선물하고, 딸이 시집가면 필수품으로 솜이불을 해 간 풍습을 생각해 보세요. 목화 도입이 얼마나 큰 의미를 갖는지 조금은 느껴지나요?

목화

무명 베는 어떻게 짤까?

❶ **씨앗기** 수확하여 말린 목화 송이를 '씨 아'라는 기구에 넣어 씨를 빼낸다.

씨아 길이 52센티미터.

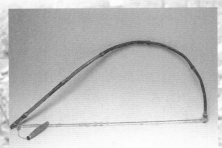

❷ **활타기** 목화 씨를 뺀 솜에 활줄을 넣고 흔들어 솜에 붙은 잡물을 떨어뜨리고 솜 상 태를 부드럽게 만든다.

무명 활

❸ **고치 말기** 활로 탄 솜을 다듬잇돌이나 너 른 판에 올려놓고 비벼서 말아 준다.

말아 놓은 고치와 다듬잇돌

김홍도의 풍속화 중 〈실잣기〉.

❹ 실잣기(물레질) 고치 말기를 해서 만든 솜 뭉치를 물레에 걸어 실을 만든다.

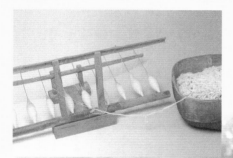

날틀

❺ 무명 날기 실잣기를 해서 만든 무명실 뭉치로 날실을 준비한다.

김홍도의 풍속화 중 〈무명 매기〉.

❻ 무명 매기 바디의 구멍에 실을 끼우고 이 실에 풀칠을 하며 말려 가면서 도투마리 를 감아 준다.

바디
도투마리

김홍도의 풍속화 중 〈무명 짜기〉.

❼ 무명 짜기 무명 매기 과정이 끝나면 무 명 올이 감긴 도투마리를 베틀로 옮겨 무명 을 짠다.

화약 · 화기를 만들다

인쇄술과 함께 고려의 과학 기술에서 빼놓을 수 없는 게 있다면, 바로 화약입니다. 화약은 불이 붙으면 폭발하는 물질로, 염초(질산 칼륨)와 유황 등의 재료를 혼합해 만들지요. 화약의 폭발력을 이용한 각종 무기를 '화기'라 합니다.

고려는 공민왕 때 이후 왜구의 노략질에 시달렸습니다. 특히 해안 지방이 큰 피해를 입어 고을이 텅 비는 일이 자꾸 일어났지요. 정부에서는 왜구를 뿌리뽑기 위해 여러 모로 노력했는데, 화약의 도입도 그 가운데 하나였습니다.

화약은 중국에서 처음 개발되었습니다. 무기 제작과 직결되는 만큼, 중국 정부는 화약 제조법이 외부로 새어 나가지 못하게 단속했지요. 이에 최무선은 원나라로 가서 많은 노력 끝에 화약 제조법을 배워 옵니다. 1377년(우왕 3), 왕에게 건의하여 전담 관청을 두고 화약과 화포를 제조합니다. 아울러 이런 무기를 장착할 수 있는 전함도 개발했지요. 1380년 금강 유역에서 있었던 진포 대첩은 화기를 이용하여 왜구를 대파한 대표적인 전과입니다.

조선 시대 총통
총통은 화약의 힘으로 탄환을 날리는 무기를 말한다. 우리 나라에서는 고려 말에 처음 개발되었으며, 조선 시대에는 여러 가지 형식의 총통이 개량 제작되어 국방에 널리 사용되었다.

화포는 특히 해전에서 왜구를 격퇴하는 데 아주 쓸모있었습니다. 왜구는 주로 배를 이용하여 다른 화물선을 공격하거나 육지에 상륙하여 마을을 약탈하고 돌아가는 식으로 활동했습니다. 그들의 배는 작지만 속도가 빨랐으며, 배를 서로 접근시켜 육박전을 벌이는 전술을 주로 이용했습니다. 따라서 이들과 배를 맞대고 싸우면 불리했지요. 그런데 화포를 사용하면 가까이 다가가지 않고도 화약의 힘으로 탄환을 날려 배를 격침시키거나 손상시킬 수 있었습니다. 이로 인해 전열이 흐트러지면 본격적으로 공격을 가하여 전과를 올린 것입니다.

　화약과 화포는 조선 시대 들어 더욱 개량되고 성능이 좋아져 국방에 널리 사용됩니다.

원나라의 총통

고려에도 벽화 무덤이 있다

무덤에 그려진 벽화라고 하면 누구나 고구려의 고분 벽화를 떠올릴 것입니다. 고구려 사람의 생활과 문화를 알려 주는 소중한 자료이지요. 3권 고구려 편에서

공민왕릉 벽화 개성 공민왕릉 안 동·서·북쪽 벽면에는 십이지신상이, 천장에는 북두칠성을 비롯한 별자리가 그려져 있다. 북한 지역에는 이 밖에도 개풍에 있는 수락암동 1호 무덤과 장단에 있는 법당방 돌방 무덤에 사신도 같은 벽화가 있다.

자세히 소개했으니, 읽어 보았을 것입니다.

그런데 이런 벽화가 고구려에만 있는 것은 아닙니다. 수가 적고 널리 알려져 있지 않지만, 고려에도 몇몇 사례가 있어 복식사 연구 등에 자료로 이용되고 있답니다. 이번 기회에 고려의 무덤 벽화를 감상해 보기 바랍니다.

밀양 고법리 벽화 무덤 고려 말 조선 초의 인물인 박익(1332~1398)의 무덤으로, 경상 남도 밀양시 청도면 고법리에 있다. 2000년에 무덤을 보수하던 중 벽화가 발견되었다. 무덤은 조선 초에 만들어진 것이나 벽화 내용은 고려 말의 사회상을 반영한 것으로, 특히 벽화 속 인물의 옷차림은 원나라의 영향을 받았음을 알려 준다.

거창 둔마리 벽화 무덤 경상 남도 거창군 남하면 둔마리에 있는 고려 시대 무덤으로, 1972년에 발견되었다. 무덤 벽면에 천녀(天女:천상의 선녀) 여섯 명의 모습을 비롯해 여러 개의 그림이 그려져 있다. 벽화 일부는 이미 희미해져 내용을 알아볼 수 없지만 피리 부는 천녀 모습은 선명한 편이다. 교과서 등에 자주 인용되는 사진이라 그리 낯설지 않을 것이다. 사적 239호.

파주 서곡리 벽화 무덤 경기도 파주시 진동면 서곡리의 동남쪽에 있는 이 무덤은 1991년 발굴 결과 고려 말 인물인 권준(1281~1352)의 무덤으로 확인되었다. 그는 고려 말 조선 초의 대표적인 학자 권근의 큰할아버지이다. 무덤에서 많은 인물 그림과 별자리 그림이 발견되었는데, 특히 인물 그림은 고려 말 관료들의 모습으로 판단되어 복식사를 연구하는 데 중요한 자료가 된다.

조선 초기 사대부들은 건국의 명분을 부각 시키기 위해 고려 말의 사회를 부정적으로 인식했습니다. 개국 공신들을 제외하면 당시 활동한 인물들에 대해서도 높이 평가하는 예가 드물었지요. 그러나 예외적으로 각별한 의미를 부여한 사람이 둘 있습니다. 누구일까요? 바로 문익점과 최무선입니다. 왜 이 두 사람에게 남다른 평가를 내렸을까요?

그것은 바로 이들의 공적이 백성들의 생활에 큰 도움을 주었기 때문입니다. 문익점은 목화를 들여와 백성들이 겨울을 따뜻하게 날 수 있도록 했고, 최무선은 화약 제조법을 배워 와 백성들을 도탄에 빠뜨리던 왜구들을 물리치는 데 공헌했습니다.

1401년(태종 1), 권근은 글을 올려 두 사람이 백성과 나라에 미친 공덕이 남다르다고 지적하고, 그 자식들에게 벼슬을 내릴 것을 청하여 허락을 받기도 했습니다. 또한 1456년(세조 2)에 양성지는 두 사람의 고향에 사당을 세워 그 공을 기리도록 건의했지요. 그는 문익점의 공은 백성의 이로움을 일으킨 것이고, 최무선의 공은 백성의 해를 없앤 것이라 했습니다. 두 사람의 업적을 참 잘 드러낸 표현이네요.

후대 기록에 따르면, 문익점은 이 당시 '부민후(富民侯)'라는 작위를 받았다고 하는데, 이것은 백성을 부유하게 했다는 뜻을 담고 있습니다. 1785년(정조 9)에는 그를 모신 사당에 '강성(江城)'이라는 현판을 내리기도 했습니다.

강성 서원 본디 이름은 '월천사'로 임진 왜란 때 의병을 일으킨 문위제(문익점의 9대손)를 제향하는 곳이었다. 1734년(영조 10) 문익점의 위패를 모시면서 그가 중심이 되었고, 1785년(정조 9)에 '강성'이라는 현판을 받았다. 전라 남도 장흥군 유치면 소재. 전남 문화재 자료 70호.

고려 편을 마치며

우리 나라 역사를 말할 때마다 사람들이 고려 역사를 소홀히 여긴다는 생각이 들곤 합니다. 지방마다 자기 고장의 출발이라 생각하는 탓에 자료가 적음에도 불구하고 고대 역사에 대해서는 저마다 깊은 관심을 기울입니다. 그리고 막연하게나마 우리 가슴을 벅차게 하는 무언가가 있는 것처럼 여깁니다. 전통 문화의 대부분을 차지하며 지금도 우리의 상식을 지배하는 조선의 역사는 사극이나 역사 소설에 끊임없이 등장하여 친숙함을 더해 갑니다. 식민지 잔재 청산과 분단 극복이라는 당면 과제를 던지는 근현대 역사는 누구나 그 의미를 강조하고 꼭 알아야겠다는 의무감을 갖게 하지요. 그렇다면 고려 역사는 우리에게 어떤 의미가 있을까요?

"고려 역사에 대해 무엇을 알고 있나요?"라는 질문을 던졌을 때 여러분은 어떤 대답을 할 수 있을까요? 거란의 침략을 격퇴한 서희와 강감찬? 세계 제국 몽골과 맞서 강화도에 들어가 40년이나 버티며 싸운 일? 고려청자와 팔만대장경, 그리고 금속 활자라는 자랑스러운 문화 유산? 전국에 산재한 수많은 불교 문화재? 'KOREA'라는 이름이 '고려'에서 나왔다는 사실?

그렇다면 고려에서는 사회를 어떻게 운영했는지 아시나요? 조선처럼 수령을 파견해서 다스렸나요? 당연히 그럴 거라고 생각하는 사람이 많지만, 여러분도 기억하듯 아니었지요. 고려의 가족 제도에서 여성의 지위는 어떠했는지 아시나요? 조선처럼 한 남편만을 섬기다 남편이 죽어도 수절하며 시부모 모시고 살아야 했나요? 당연히 그랬을 거라고 생각하겠지만, 여러분도 기억하듯 아니었지요.

이렇듯 우리는 고려 역사에서 전쟁 이야기나 세계적 문화 유산을 빼면 아는 게 거의 없을 지경입니다. 그저 고대와 조선을 이어 주는 역사의 징검다리일 뿐, 손님이 없어 기차가 서지 않는 시골 간이역처럼 그렇게 스쳐 지나가는 풍경처럼 다루지요.

과연 우리 역사는 고대와 조선, 그리고 근현대 역사만으로 충분할까요? 그렇지 않습니다. 고려 역사 또한 결코 놓쳐서는 안 되는 중요한 의미를 가진, 다른 시대와 다름없이 소중한 우리 역사입니다.

지금 우리가 우리 역사라고 생각하는 것, 그러니까 삼국 모두를 자신의 역사로 생각하여 통합된 사회를 이루어 낸 것이나, 자신의 역사가 단군의 고조선에서 출발한다고 생각하며 중국과 구별되는 전통을 세운 것, 이 모두가 고려 시대에 비로소 이루어진 것입니다. 지금 우리가 당연하게 여기는 '역사 의식'이 바로 고려에서 출발한 것이지요.

지금 우리가 우리의 전통 문화라고 생각하는 것들은 대부분 조선 시대, 그것도 조선 후기에 만들어졌습니다. 그러나 거기서 한 발만 더 나아가면 그보다 더 풍부하고 중요한 전통 문화가 살아 이어지고 있음을 알 수 있습니다. 거의 고려 시대에 정리된 것들이지요. 수많은 문화재는 말할 것도 없고, 가족과 친족, 토착 신앙과 사상이 모두 그러합니다.

그러니 우리가 '민족'을 말하고 '전통'을 말하면서 그 생각의 토대가 만들어진 고려를 이해하지 못한다면, 그것이 얼마만큼 우리 삶에 적절한 의미를 던질 수 있을까요? 고려 시대의 역사를 소홀히 해서는 안 되는 이유가 여기에 있습니다.

다시 한 번 이 책에서 알게 된 내용을 기억해 보기 바랍니다. 지금 우리 사회의 가장 큰 과제는 무엇일까요? 아마 아직도 남아 있는 지역 차별과 대립 의식을 극복하는 것, 나아가 분단을 극복하고 민족 통합을 이루어 내는 것이겠지요.

고려는 바로 그러한 통합의 경험을 가지고 있습니다. 신라의 통합에도 불구하고 여전히 삼국으로 나뉘어 있던 의식을 통합해 냈지요. 정치적으로, 그리고 문화적으로 이루어 낸 통합은 지금 우리가 민족과 전통을 말하는 토대가 되었습니다. 통일과 민족 통합을 실현하고자 하는 지금, 우리는 고려의 경험을 배워야 할 것입니다.

지금 우리 나라는 지방 자치를 시행하고 있습니다. 각 지방이 저마다의 역량으로 문화를 발전시켜 나가고, 그 바탕에서 나라를 운영하려는 것입니다. 중앙 정부가 모든 것을 독점하고 통제하는 것보다 더 다양하고 건강한 문화를 만들어 낼 수 있기 때문이지요.

고려는 바로 그러한 문화 구조를 가지고 있었습니다. 고려청자와 금속 활자를 만들어 낸 힘도, 거란과 몽골처럼 강대한 외적에 맞서 전쟁을 이끌어 간 힘도 모두 거기서 나온 것입니다. 그러므로 지방 문화의 역량과 발전을 꾀하려는 이 때, 우리는 먼저 고려의 경험을 떠올려야 할 것입니다.

아직도 우리 문화는 남성이 지배적인 위치에 있습니다. 결혼 문화는 여자가 시집가는 것을 당연시하고, 집안은 남자가 이어 가야 한다고 여깁니다. 여성의 이혼이나 재혼은 곱지 않은 시선으로 보는 분위기도 여전하지요.

모두 전통 문화라는 이름을 내세우지만, 고려에서는 그렇지 않았지요. 결혼한 딸도 원래 집안의 일원이었고, 그래서 결혼이나 상속에서 지금 우리가 비판하는 부당한 대우를 받지 않았습니다. 전통이라는 이름으로 유지되는 억압적인 가족 문화를 바꾸고자 한다면, 고려의 경험을 참고해야 할 것입니다.

역사에서 중요하지 않은 시기는 없는 법입니다. 꼭 넓은 영토를 가진 역사여야 하는 것도 아니고, 많은 문화 유산을 남겨야 하는 것도 아닙니다. 번영한 역사는 치켜세우고 굴욕적인 역사는 숨기려는 태도도 버려야 합니다. 우리에게 역사가 중요한 것은 더 나은 내일을 만들기 위해서입니다. 전통은 단지 지키기 위해서 존재하는 것이 아니며, 역사는 그저 지나간 옛날 이야기가 아닙니다. 전통은 우리가 더 나은 미래를 만들기 위해 활용하는 자산이며, 역사는 그것을 공급하는 곳입니다. 그래서 역사의 구석구석을 찾아 그 의미를 확인하는 것이지요.

고려의 경우도 다르지 않습니다. 지금 우리가 찾아내야 할 소중한 전통 문화가 담겨 있는 역사입니다. 지금까지 고대나 조선의 역사만 알고 있었다면, 이제부터라도 고려 역사에 깊은 관심을 가져 줄 것을 당부합니다. 고려 역사가 특별해서가 아니라 지금 우리에게 꼭 필요한, 그래서 잘 정리해서 후손에게도 전해 주어야 할 소중한 경험과 전통을 잃으면 안 되기 때문입니다.

2005년 2월, 진주 남강변에서

윤경진

고려 시대 연표

고 려 사	세 계 사
900년 견훤, 후백제를 세우다.	
901년 궁예, 후고려를 세우다.	
903년 왕건, 나주 원정.	
904년 궁예, 국호를 마진으로 고치다.	907년 후량 건국. 당 멸망, 오대 시작
911년 궁예, 국호를 태봉으로 고치다.	916년 옐뤼 아빠지오, 거란 건국
918년 왕건, 궁예를 쫓아내고 국호를 '고려', 연호를 '천수'라 하다.	
919년 왕건, 송악에 도읍을 정하다. 평양 복구.	923년 후당 건국
926년 발해, 거란에게 망하다.	
927년 견훤, 신라의 왕경을 공격하다.	
신라 경애왕 피살, 경순왕 즉위.	
고려, 공산 전투에서 후백제에 대패하다.	
930년 고려, 고창군 전투에서 후백제를 크게 물리치다.	
934년 발해 태자 대광현이 무리를 이끌고 고려로 들어오다.	936년 후진 건국
	거란, 연운 16주를 차지하다
935년 신검, 아버지 견훤을 가두고 왕위에 오르다.	
견훤, 탈출하여 고려에 투항하다. 신라 경순왕, 고려에 항복하다(신라 멸망).	
936년 고려, 일리천 전투에서 후백제에 승리하다(후백제 멸망).	
고려, 후삼국을 통일하다.	
945년 왕규, 숙청되다.	
947년 거란 침입에 대비하여 광군을 설치하다.	947년 후한 건국
950년 광종, '광덕' 연호를 제정하다.	951년 후주 건국
956년 노비안검법을 실시하다.	
958년 과거제를 실시하다.	
960년 백관의 공복을 정하다.	960년 송 건국
968년 처음으로 국사와 왕사를 임명하다.	962년 오토 1세, 신성 로마 제국 수립
976년 전시과를 처음 제정하다(시정전시과).	979년 송, 중국 통일
982년 최승로, 〈시무 28조〉를 올리다.	
986년 의창을 설치하다.	986년 동로마, 불가리아와 30년 전쟁 시작(~1018).
	987년 프랑스, 카페 왕조 시작.
992년 국자감을 설치하다.	
993년 거란 소손녕, 고려를 침공하다(고려 · 거란 1차 전쟁).	
서희, 소손녕과 협상에서 강동 6주를 얻다.	

996년 금속 화폐 건원중보를 주조하다.	
998년 전시과를 고쳐 정하다(개정전시과).	1004년 송, 거란과 전연의 맹약 수립.
1009년 강조, 정변을 일으켜 목종을 폐위하고 현종을 세우다.	
1010년 거란 성종, 고려를 침공하다(고려·거란 2차 전쟁). 현종, 나주로 피하다.	1010년 안남, 대월국 수립.
1011년 초조대장경 판각을 시작하다(1087년 완성).	
1018년 전국의 지방 행정 구역을 새로 정하다. 거란 소배압, 고려를 침공하다(고려·거란 3차 전쟁).	
1019년 강감찬, 귀주에서 퇴각하는 거란군을 크게 물리치다(귀주 대첩).	
1033년 천리장성을 축조하다(1044년 완성).	1034년 독일, 부르군디 왕국 병합.
	1035년 스페인, 아라곤 왕국 독립.
	1037년 셀주크투르크 제국 건국.
	1042년 신성 로마, 헝가리 점령.
	1054년 기독교, 동서로 나뉘다.
	1055년 셀주크투르크, 바그다드 입성.
	1066년 노르망디공 윌리엄, 잉글랜드 정복.
	1069년 송, 왕안석의 개혁 시작.
1076년 전시과를 다시 고치고(경정전시과) 관제를 개혁하다(문종 관제).	1076년 신성 로마, 교황과 황제 대립.
	1077년 신성 로마, 하인리히 황제, 교황에게 굴복(카노사의 굴욕).
	1086년 송, 사마광 집권하여 왕안석의 신법 폐지.
1087년 흥왕사에서 《초조대장경》을 간행하다.	1096년 1차 십자군 원정(~1099).
1090년 의천, 속장경을 편찬하다(1096년 완성).	
1097년 의천, 국청사 창건하고 해동 천태종을 열다.	
1102년 해동통보를 주조하다.	
1107년 윤관, 여진 정벌에 나서다.	
1108년 윤관, 동북 9성을 쌓다.	1115년 아구다, 금 건국.
1123년 남송의 사신 서긍 일행, 고려에 오다.	1125년 거란, 멸망.
1126년 이자겸, 난을 일으키다.	1126년 금, 송을 공격하여 황제 생포.
	1127년 남송 건국.
1135년 묘청, 서경에서 반란을 일으키다.	
1145년 《삼국사기》를 편찬하다.	1147년 2차 십자군 원정(~1149). 포르투갈, 리스본 점령.
	1157년 신성 로마, 폴란드 원정.

1170년	무신정변이 일어나다.	1170년	프랑스, 파리대학 건립.
		1171년	영국, 아일랜드 침공.
1172년	서북면 농민들이 봉기하다.		
1174년	조위총, 서경에서 무신 정권에 반대하는 난을 일으키다. 정중부, 이의방을 죽이고 권력을 잡다.		
1176년	망이 · 망소이의 난.		
1177년	망이의 2차 봉기.		
1179년	경대승, 정중부를 죽이고 정권을 잡다.		
1184년	이의민, 정권을 잡다.	1189년	3차 십자군 원정(~1192).
1190년	지눌, 정혜사를 결성하다.	1192년	일본 가마쿠라 바쿠우 성립.
1193년	김사미와 효심의 난.	1194년	셀주크투르크 분열, 멸망.
	이규보, 동명왕편을 짓다.		
1196년	최충헌, 이의민을 죽이고 권력을 잡다.		
1198년	만적, 노비의 신분 해방을 모의하다가 실패하다.		
1202년	경주에서 신라 부흥운동 일어나다.	1202년	4차 십자군 원정(~1204).
		1206년	테무친, 몽골 황제 즉위.
1209년	최충헌, 교정도감을 설치하다.	1215년	영국, 대헌장 제정.
1217년	최광수, 서경에서 고구려 부흥을 주장하며 난을 일으키다.		
1218년	거란군이 강동성을 점령하다.		
1219년	고려 · 몽골 연합군이 강동성에서 거란군을 물리치다. 고려와 몽골, 형제의 맹약을 맺다. 최충헌 사망, 아들 최우가 권력을 이어받다.	1219년	칭기스 칸, 서방 원정(-1224).
1225년	몽골 사신 제구유, 귀국 도중 피살.	1227년	칭기스 칸, 서하 정벌 중 사망.
	몽골, 고려와 국교 단절.	1228년	5차 십자군 원정(~1229).
		1229년	몽골, 우구데이 황제 계승(태종).
1231년	몽골, 고려를 침공하다(고려 · 몽골 1차 전쟁)		
1232년	고려, 강화도로 천도. 몽골, 다시 고려를 침공하다(고려 · 몽골 2차 전쟁). 초조대장경이 불타 없어지다. 김윤후, 처인성에서 몽골 장수 살리타를 사살하다.		
1234년	금속 활자로《상정고금예문》을 펴내다.	1234년	금, 몽골의 공격으로 멸망.
1235년	몽골, 고려를 침공하다(고려 · 몽골 3차 전쟁).	1235년	몽골, 카라코룸에 수도 건설.
1236년	재조대장경을 만들기 시작하다.		몽골, 바투의 서방 원정(~1242).
1237년	이연년, 반란을 일으켜 백제도원수를 칭하다.	1237년	바투, 모스크바 점령.

1238년	황룡사 9층탑이 불타 없어지다.	1241년	신성 로마 제국, 한자동맹 성립.
		1246년	몽골, 구유크 황제 계승(정종).
1247년	몽골, 고려를 침공하다(고려·몽골 4차 전쟁).	1248년	6차 십자군 원정(~1254).
1249년	최우 사망. 아들 최항이 권력을 이어받다.	1251년	몽골, 몽케 황제 계승(헌종).
1253년	몽골, 고려를 침공하다(고려·몽골 5차 전쟁).		
1254년	몽골, 고려를 침공하다(고려·몽골 6차 전쟁).		
1257년	최항 사망. 아들 최의가 권력을 이어받다.		
1258년	김준, 최의를 죽이고 집권하다(최씨 정권 몰락). 화주의 조휘 등이 반란을 일으켜 몽골에 투항하다.	1258년	몽골, 훌라구의 원정, 바그다드 점령, 일한국 수립. 압바스 왕조 붕괴.
	몽골, 쌍성총관부를 설치하다.		
1259년	고려와 몽골, 강화를 수립하다.		
	고려 태자, 몽골의 쿠빌라이(세조)를 만나다		
1260년	태자, 고려에 돌아와 즉위하다(원종)	1262년	노르웨이, 아이슬란드 점령.
1264년	원종, 몽골에 친조하여 황제를 만나다		
1267년	고려, 몽골의 요구로 일본에 국서 보내다.		
1268년	임연, 정변을 일으켜 김준 제거, 권력 잡다.		
1269년	서경의 최탄, 반란을 일으켜 몽골에 투항.		
1270년	임유무 피살로 무신정권이 막을 내리다.	1270년	7차 십자군 원정.
	삼별초, 반란을 일으켜 진도로 옮기다.		
	몽골, 서경에 동녕부를 설치하다.		
1271년	고려·몽골 연합군, 진도를 함락하다.	1271년	마르코 폴로, 동방 여행 출발(~1295).
	삼별초, 탐라로 이동하다.		몽골, 세조 쿠빌라이 원으로 국호 개정.
1273년	삼별초, 탐라에서 진압되다.		
1274년	고려, 몽골의 요구로 공녀를 보내다.		
	고려·몽골 연합군, 일본 원정에 나섰으나 태풍으로 실패하다(1차 일본 원정).		
1275년	원나라에 대한 사대에 맞춰 관제를 고치다.	1279년	남송, 원의 공격으로 멸망.
1280년	정동행성 설치.		
1281년	고려·몽골 연합군, 일본 원정에 나섰으나 태풍으로 또다시 실패하다(2차 일본 원정).	1284년	영국, 웨일즈 점령.
1285년	일연,《삼국유사》를 펴내다.		
1287년	이승휴,《제왕운기》를 펴내다.		
1290년	원, 동녕부를 요동으로 옮기고 자비령 이북 땅을 고려에 돌려주다.	1302년	프랑스, 삼부회의 소집.
		1299년	오스만투르크 제국 건국.
		1302년	프랑스, 삼부회의 소집.
		1309년	교황, 아비뇽 유폐.

		1337년	일본, 무로마치 바쿠우 시작.
		1338년	영국과 프랑스, 백년전쟁 시작(~1453).
1347년	정치도감을 설치하다.	1347년	전 유럽에 페스트 유행.
		1351년	원, 홍건적의 난.
1356년	공민왕, 정동행성을 폐지하고 쌍성총관부	1356년	신성로마, 카알 4세 금인칙서 발표.
	를 무력으로 되찾다.		
1359년	홍건적, 고려를 침입하다(1차 침입)		
1351년	홍건적, 고려를 침입하다(2차 침입).		
	공민왕, 안동으로 피하다.		
1363년	문익점, 원나라에서 목화씨를 들여오다.		
1365년	공민왕, 신돈을 등용하다.		
1366년	신돈, 전민변정도감을 설치하고 개혁을 추		
	진하다.		
1367년	성균관을 증축하다.	1368년	주원장, 명 건국, 원의 대도 함락. 북원 수립.
1369년	원나라 연호를 폐지하다.	1369년	티무르 제국 수립.
1370년	명나라 연호를 받아들이다.		
1371년	신돈, 숙청되다.		
1376년	최영, 홍산 전투에서 왜구를 치다.		
1377년	최무선, 화약 제조법을 들여와 화기를 제조	1378년	교회가 로마와 아비뇽으로 분리.
	하다. 청주 흥덕사에서 《직지심경》을 금속		
	활자로 인쇄하다.		
1380년	최무선, 진포에서 왜구를 물리치다.	1381년	영국, 와트 타일러의 난.
	이성계, 황산 전투에서 왜구를 물리치다.	1385년	포르투갈, 카스티야의 지배로부터 독립.
1388년	최영, 요동 정벌을 단행하다. 이성계, 위화		
	도에서 회군하여 권력을 장악하다.		
1389년	박위, 쓰시마를 정벌하다.		
1391년	과전법을 제정하다.	1391년	북원, 명에 의해 몽골 초원으로 패퇴.
1392년	정몽주, 선죽교에서 피살되다.		
	공양왕, 이성계에에 왕위를 넘겨주다(고려		
	멸망).		

★ 여유당출판사에서는 이 책에 실린 사진에 대해 저작권자의 허
   락을 받기 위해 최선을 다했습니다. 혹시 내용이 빠졌거나 잘
   못 기록된 부분이 있으면 연락주시기 바랍니다.

참고 문헌

도감

《강원대학교박물관》, 1986 한계산성 지표조사보고서
《강원도 강원문화재대관 ① ②》, 1993
《경기도 경기문화재대관 ① ②》, 1999
《경기도박물관 몽골유목문화》, 1999
《경상남도 경남문화재대관 ① ②》, 1995
《한국 전통복식 2천년》, 국립대구박물관, 2002
《북한문화재해설집 1》, 국립문화재연구소 1997
《일본소재문화재도록》, 국립문화재연구소, 1995
《북한문화재해설집3》, 국립문화재연구소, 2002
《문익점과 무명문화》, 국립민속박물관, 1991
《제주의 역사와 문화》, 국립제주박물관, 2001
《고려도자명문》, 국립중앙박물관, 1992
《고려 조선의 대외교류》, 국립중앙박물관, 2002
《고려공예전》, 국립청주박물관, 1999
《남한강문물》, 국립청주박물관, 2001
《국립청주박물관 도록》, 국립청주박물관, 2001
《국립춘천박물관(도록)》, 국립춘천박물관, 2002
《우리의 땅, 우리의 진경》, 국립춘천박물관, 2002
《바다로 보는 우리 역사》, 국립해양유물전시관, 2003
《동국대소장 국보보물귀중본전》, 동국대학교, 1996
《파주 서곡리 고려벽화묘 발굴조사보고서》, 문화재연구소, 1993
《문화재대관(사적편) ① ②》, 문화재청, 1998, 1999
《돈 이야기》, 복천박물관, 2002
《숭덕산수덕사》, 불교정보문화연구소, 1998
《중국고대사참고도록 (송원시기)》, 상해교육출판사, 1991
《규장각명품도록》, 서울대학교 규장각, 2000
《서울대학교박물관도록》, 서울대학교, 1983
《북한의 문화재와 문화유적(4, 고려편)》, 서울대학교 출판부, 2000
《서울문화재대관》, 서울특별시, 1987
《서울의 문화재 2》, 서울특별시사편찬위원회, 2003
《동북아도자교류전》, 세계도자기엑스포조직위원회, 2001
《안동지역 현판탁본전도록 1》, 안동문화연구회, 1994
《고려말 조선초의 서예》, 예술의 전당, 1996
《강원도철원군군사유적 지표조사보고서》, 육군박물관, 1996
《육군박물관도록》, 육군사관학교, 1990
《한국서적》, 이화여대박물관, 1992
《1992 인천직할시립박물관도록》, 인천직할시립박물관,

《문화재도록 ①(② ③)》, 전라남도, 1998
《전북문화재대관 상, 하》, 전라북도, 1997
《조선의 태실 3》, 전주이씨대동종약원, 1999
《한국의 미 7》, 중앙일보사, 1981
《한국의 미 9》, 중앙일보사, 1981
《한국의 미 10》, 중앙일보사, 1981
《한국의 미 13》, 중앙일보사, 1981
《한국의 미 15》, 중앙일보사, 1981
《한국의 미 23》, 중앙일보사, 1981
《한국고활자특별전》, 청주고인쇄박물관, 2002
《청주고인쇄박물관도록》, 청주고인쇄박물관, 2000
《충주박물관소장품도록》, 충주시, 2004

개설서

국사편찬위원회, 《한국사(신편)》, 11~21(고려편), 1993~1996
박용운, 《고려시대사(상·하)》, 일지사, 1987
한국중세사학회, 《고려시대사강의》, 늘함께, 1997
한영우, 《다시 찾는 우리 역사》, 경세원, 2004

교양서

장경희 외 편저, 《한국 미술문화의 이해》, 예경, 1994
박용운 외, 《고려시대 사람들 이야기 1, 2》, 신서원, 2001
한국역사연구회, 《모반의 역사》, 세종서적, 2002
한국역사연구회 중세1분과, 《고려시대 사람들은 어떻게 살았을까 1, 2》, 청년사, 1997
한국역사연구회 개경사연구반, 《고려의 황도 개경》, 창작과비평사, 2002
박종기, 《5백년 고려사》, 푸른역사, 1999
역사비평 편집위원회, 《한국 전근대사의 주요 쟁점》, 역사비평사, 2002
국사편찬위원회, 《한국사(신편)》, 11-21(고려편), 1993-1996
박용운, 《고려시대사(상·하)》, 일지사, 1987
한국중세사학회, 《고려시대사강의》, 늘함께, 1997

연구서

14세기 고려 사회성격 연구반 편, 《14세기 고려의 정치와 사회》, 민음사, 1994
고구려연구회, 《서희와 고려의 고구려 계승의식》, 학연문화사, 1999
노명호 외, 《한국고대중세고문서연구 (상·하)》, 서울대학교 출판부, 2000
이기백 편, 《고려광종연구》, 일조각, 1981

이기백 외, 1993 《최승로상서문연구》, 일조각

이우성 · 강만길 편, 1976 《한국의 역사인식 (상 · 하)》, 창작과 비평사

강경숙, 《한국도자사》, 일지사, 1989

강은경, 《고려시대 호장층 연구》, 혜안, 2002

강진철, 《고려토지제도사연구》, 일조각, 1981

강진철, 《한국중세토지소유연구》, 일조각, 1989

고병익, 《동아교섭사의 연구》, 서울대학교 출판부, 1970

고혜령, 《고려후기 사대부와 성리학 수용》, 일조각, 2001

구산우, 《고려전기 향촌지배체제연구》, 혜안, 2003

김광철, 《고려후기세족층연구》, 동아대학교 출판부, 1991

김용선, 《고려음서제도연구》, 일조각, 1991

김의규, 《고려사회의 귀족제설과 관료제론》, 지식산업사, 1985

김충열, 《고려유학사》, 고려대학교 출판부, 1984

김갑동, 《나말여초의 호족과 사회변동연구》, 고려대학교 출판부, 1990

김난옥, 《고려시대 천사 · 천역양인 연구》, 신서원, 2000

김당택, 《원간섭하의 고려정치사》, 일조각, 1998

김당택, 《고려의 무인정권》, 국학자료원, 1999

김성환, 《고려시대의 단군전승과 인식》, 경인문화사, 2002

김인호, 고려후기 사대부의 경세론 연구》, 혜안, 1999

김철준, 《한국고대사회연구》, 서울대학교 출판부, 1990

김철준, 《한국사학사연구》, 서울대학교 출판부, 1990

도현철, 《고려말 사대부의 정치사상연구》, 일조각, 1999

문경현, 《고려태조의 후삼국통일연구》, 형설출판사, 1987

민현구, 《고려정치사론》, 고려대학교 출판부, 2004

박경안, 《고려후기 토지제도연구》, 혜안, 1996

박용운, 《고려시대 음서제와 과거제 연구》, 일지사, 1990

박용운, 《고려시대 개경연구》, 일지사, 1996

박용운, 《고려사회의 여러 역사상》, 신서원, 2002

박은경, 《고려시대 향촌사회 연구》, 일조각, 1886

박종기, 《고려시대 부곡제연구》, 서울대학교 출판부, 1990

박종기, 《지배와 자율의 공간, 고려의 지방사회》, 푸른역사, 2002

박종진, 《고려시기 재정운영과 조세제도》, 서울대학교 출판부, 2000

방동인, 《한국의 국경획정연구》, 일조각, 1997

변태섭, 《고려정치제도사연구》, 일조각, 1977

신안식, 《고려 무인정권과 지방사회》, 경인문화사, 2002

신천식, 《고여교육사연구》, 경인문화사, 1995

신호철, 《후삼국시대 호족연구》, 개신, 2002

안병우, 《고려전기의 재정구조》, 서울대학교 출판부, 2002

안주섭, 《고려 거란 전쟁》, 경인문화사, 2002

윤룡혁, 《고려 대몽항쟁사 연구》, 일지사, 1991

윤용이, 《한국도자사연구》, 문예출판사, 1993

이경식, 《조선전기토지제도연구》, 일조각, 1986

이기백, 《고려병제사연구》, 일조각, 1968

이기백, 《고려귀족사회의 형성》, 일조각, 1990

이동주, 《한국회화사론》, 열화당, 1987

이병도, 《고려시대의 연구》, 아세아문화사, 1980

이상선, 《고려시대 사원의 사회경제연구》, 성신여자대학교 출판부, 1998

이성무, 《한국의 과거제도》, 집문당, 2000

이수건, 《한국중세사회사연구》, 일조각, 1984

이우성, 《한국중세사회연구》, 일조각, 1991

이정신, 《고려 무인집권기 농민 · 천민항쟁 연구》, 고려대학교 민족문화연구소, 1991

이정희, 《고려시대 세제의 연구》, 국학자료원, 2000

이태진, 《한국사회사연구》, 지식산업사, 1986

이희덕, 《고려유교정치사상의 연구》, 일조각, 1984

장동익, 《고여후기외교사연구》, 일조각, 1994

정구복, 한국중세사학사 1》, 집문당, 1999

정청주, 《신라말 고려초 호족연구》, 일조각, 1996

채웅석, 《고려시대의 국가와 지방사회》, 서울대학교 출판부, 2000

천혜봉, 《한국전적인쇄사》, 범우사, 1990

최재석, 《한국가족제도사연구》, 일지사, 1983

하현강, 《한국중세사연구》, 일조각, 1988

하현강, 《한국중세사론》, 신구문화사, 1989

한기문, 《고려 사원의 구조와 기능》, 민족사, 1998

허흥식, 《고려사회사연구》, 아세아문화사, 1981

허흥식, 《고려불교사연구》, 일조각, 1986

노명호, 1988 《고려사회의 양측적 친속조직 연구》, 서울대학교 박사학위논문

안지원, 《고려시대 국가 불교의례 연구》, 서울대학교 박사학위론문, 1999

윤경진 《고려 군현제의 구조와 운영》, 서울대학교 박사학위논문, 2000

이익주, 《고려 · 원 관계의 구조와 고려후기 정치체제》, 서울대학교 박사학위논문, 1996

이종서, 《14~16세기 한국의 친족용어와 일상 친족관계》, 서울대학교 박사학위논문, 1967

연구 논문

강길중, 〈남송과 고려의 정치외교와 무역관계에 대한 고찰〉, 《경희사학》, 16·17합, 1991

김광수, 〈고려조의 고구려계승의식과 고조선인식〉, 《역사교육》43, 1988

김당택, 〈고려 인종조의 서경천도·칭제건원·금국정벌론과 김부식의 삼국사기 편찬〉, 《역사학보》170, 2001

김순자, 〈고려, 원(元)의 영토정책, 인구정책 연구〉, 《역사와 현실》60

김혜원, 〈고려 공민왕대 대외정책과 한인군웅〉, 《백산학보》51, 1998

김광철, 〈14세기초 원의 정국동향과 충선왕의 토번 유배〉, 《한국중세사연구》3, 1996

노명호, 〈고려시대의 친족조직〉, 《국사관논총》3, 1989

노명호, 〈고려시대의 토지상속〉, 《중앙사론》6, 1989

노명호, 〈고려 지배층의 발해류민에 대한 인식과 정책〉, 《산운사학》8, 1998

노명호, 〈고려시대의 다원적 천하관과 해동천자〉, 《한국사연구》105, 1999

민현구, 〈정치도감의 성격〉, 《동방학지》23·24합, 1980

민현구, 〈신돈의 집권과 그 정치적 성격(상,하)〉, 《역사학보》38, 40, 1968

민현구, 〈고려 공민왕대 반원적 개혁정치의 전개과정〉, 《허선도정년기념논총》, 1992

박재우, 〈고여 충선왕대 정치운영과 정치세역 동향〉, 《한국사론(서울대 국사학과)》29, 1993

박평식, 〈고려시기의 개경시전〉, 《한국사의 구조와 전개 - 하현강교수정년기념논총-》, 2000

박한남, 〈12세기 려금무역에 대한 검토〉, 《대동문화연구》31, 1996

손홍열, 〈고려 조운고〉, 《사총》21·22합, 1977

류영철, 〈《고려첩장불심조조》의 재검토〉, 《한국중세사연구》창간호, 1994

윤경진, 〈나말려초 성주의 존재양태와 고려의 대성주정책〉, 《역사와 현실》40, 2001

윤경진, 〈고려시기 소의 존재양태에 대한 시론〉, 《한국중세사연구》13, 2002

이만열, 〈고려 경원이씨 가문의 전개과정〉, 《한국학보》21, 1980

이범직, 〈원 간섭기 입성론과 유청신〉, 《역사교육》81, 2002

이익주, 〈14세기 전반 고려·원관계와 정치세력 동향〉, 《한국중세사연구》9, 2000

이익주, 2001 〈14세기 전반 성리학 수용과 이제현의 정치활동〉, 《전농사론》7

이인재, 〈《통도사지》〈사지사방산천비보편〉의 분석〉, 《역사와현실》8, 1992

이재범, 〈고려 태조의 훈요십조에 대한 재검토〉, 《성대사림》12·13합, 1997

이정신, 〈고려의 대외관계와 묘청의 난〉, 《사총》45, 1996

이종서, 〈나말여초 성씨 사용의 확대와 그 배경〉, 《한국사론(서울대 국사학과)》37, 1997

이태진, 〈김치양 난의 성격〉, 《한국사연구》17, 1977

이해준, 〈매향신앙과 그 주도집단의 성격〉, 《김철준화갑기념논총》, 1983

조명제, 〈고려후기 선요의 수용과 간화선의 전개〉, 《한국중세사연구》7, 1999

채웅석, 〈고려전기 화폐류통의 기반〉, 《한국문화》9, 1988

채웅석, 〈여말선초 향촌사회의 변화와 매향활동〉, 《역사학보》173, 2002

최병헌, 〈고려시대의 오행적 역사관〉, 《한국학보》13, 1978

최병헌, 〈고려시대 화엄학의 변천〉, 《한국사연구》30, 1980

최병헌, 〈태고보우의 불교사적 위치〉, 《한국문화》7, 1986

최병헌, 〈수선결사의 사상사적 의의〉, 《보조사상》1, 1987

최병헌, 〈고려건국과 풍수지리설〉, 《한국사론(국사편찬위원회)》18, 1988

최재석, 〈고려조의 상속제와 친족조직〉, 《동방학지》31, 1982